일본어 독해력 완성 프로그램

다락원 일한 대역문고

고급 9

들국화의 무덤

野菊の墓

伊藤左千夫 著 | 조주희 · 백송종 訳註

다락원

머리말

『다락원 일한 대역문고』 고급 시리즈는 일본어에 대한 체계가 잡혀 있는 중급 이상 수준의 학습자가 일본 문학작품을 통해서 일본어에 대한 이해를 높이는 것을 목표로 만들었습니다.
일본 국내외에서 완성도를 인정받은 일본 문학작품으로 일본어를 학습한다면 일본에 대한 지식도 쌓을 수 있어서 일본어 학습이 더욱 유익해질 것입니다.
일본어에 대한 감각이 일정 수준에 달하면 정확한 전달력뿐만 아니라 풍부한 표현력에 대한 요구도 강해집니다.
그런 점에서 현행 일본 고등학교 교과서에 실린 문학작품과 일본 문학계에서 천재성을 인정받은 여러 작가의 유명 작품들로 구성된 『다락원 일한 대역문고』 시리즈는 풍부한 일본어 표현력을 기르는 데 좋은 길잡이가 되어 줄 것입니다.
『다락원 일한 대역문고』 시리즈는 사전 없이 편리하게 학습할 수 있도록, 어휘 풀이는 물론 주요 문형에 대한 자세한 해설과 예문을 함께 실었습니다. 본문 해석은 직역(直譯)을 원칙으로 하되, 문학 작품임을 감안해 원문의 분위기를 흐리지 않는 범위 내에서 자연스러운 한국어 번역을 위해 의역(意譯)과 때로는 표현 가감을 선택했습니다. 『다락원 일한 대역문고』 고급 시리즈로 일본 문학작품을 읽는 재미는 물론 원어민의 정확한 발음으로 녹음된 오디오로 듣기 능력까지 함께 향상시키시기 바랍니다. 여러분의 일본어 학습에 도움이 되기를 바랍니다.

다락원 일한 대역문고 연구회

『다락원 일한 대역문고』 이렇게 보세요

野菊の墓

後の月*という時分が来ると、どうも思わずにはいられない。幼い訳とは思うが何分にも忘れることができない。もはや十年余も過ぎ去った昔のことであるから、細かい事実は多くは覚えていないけれど、心持だけは今なお昨日のごとく、

その時の事を考えてると、全く当時の心持に立ち返って、涙が留めどなく湧くのである。悲しくもあり楽しくもありというような状態で、忘れようと思うこともないではないが、むしろ繰返し繰返し、考えては、夢幻的の興味を貪っている事が多い。そんな訳からちょっと物に書いて置こうかという気になったのである。

僕の家というは、松戸から二里ばかり下って、矢切の渡しを東へ渡り、小高い岡の上でやはり矢切村といってる所。矢切の斎藤といえば、この界隈での旧家で、里見*の崩れが二、三人

12

13

어휘 설명

자세한 해설과 함께, 본문에 히라가나로 쓰인 단어 중 한자와 함께 익혀 두면 좋은 어휘에는 한자 표기를 병기하고, 또 예문에 쓰인 단어 중 읽기가 어려운 단어에는 읽는법을 밝혔습니다.

사진 자료는 어휘 해설에 대한 빠르고 정확한 이해를 도와줍니다.

문형 해설

주요 문형의 뜻풀이와 접속을 예문과 함께 알기 쉽게 정리했습니다.

일러두기

일본어의 한국어 표기는 다음과 같습니다.
장음은 단음으로 표기했습니다. 예 大阪 — 오사카
발음 표기는 로마자 표기의 발음에 따랐습니다. 예 つかう (tsukau) — 츠카우
촉음은 'ㅅ'으로 표기했습니다.

문형 접속 해설에 쓰인 활용형의 설명은 다음과 같습니다.
ます형(연용형) — ます가 붙기 이전의 형태
ない형 — ない가 붙기 이전의 형태
て형・た형 — 각각 て・た가 붙은 형태
な형용사な・명사の — な형용사의 어간에 な가 붙은 형태, 명사에 の가 붙은 형태
동사・い형용사・な형용사의 기본형 — 동사・い형용사는 사전에 실려 있는 형태, な형용사는 어간에 だ가 붙은 형태
보통형 — 기본형, 부정형, 과거형, 과거부정형

오디오 CD

원어민 성우의 정확한 내레이션으로 듣는 즐거움도 쌓으세요.

목차

들국화의 무덤

野菊の墓

작가 소개

伊藤左千夫(いとうさちお, 1864~1913)

左千夫는 학문을 존중하는 한학자인 아버지와 무사 가문 출신의 어머니의 넷째 아들로 태어났다. 어머니는 예의범절에 매우 엄격하지만 정열적인 여성이었고, 막내로 태어난 그는 그런 어머니에게 매우 귀여움을 받고 자랐다.

학문과 정열의 집안 분위기는 左千夫를 정의감에 불타는 청년으로 자라게 했다. 그는 18세 때 「부국강병에 관한 건의서」를 원로원에 제출하는 등 정치가로서의 열정을 불태우며, 상경해 明治法律学校(めいじほうりつがっこう)(현 明治大学(めいじだいがく))에 입학하지만 눈병으로 중퇴하고 고향으로 돌아간다.

1885년 左千夫가 22세 되던 해에는 실업가의 꿈을 안고 다시 상경한다. 東京에 있는 목장 豊功舎(ゆたかこうしゃ)에 취직해 밤낮없이 일을 하고 4년 뒤 乳牛改良社(にゅうぎゅうかいりょうしゃ)라는 우유를 짜는 자신의 가게를 연다. 그리고 그해 말에 결혼해 다음 해에 첫 아들을 낳는다.

생활의 여유가 생긴 左千夫는 다도를 배우고 和歌(わか)에 입문한다. 그리고 1898년 신문 「日本」에 歌論(かろん)을 투고하고 正岡子規(まさおかしき)와 논쟁을 벌이는데, 이를 계기로 子規에게 매우 감명을 받아 그의 제자가 된다. 左千夫는 子規가 주장하는 万葉(まんよう)풍의 写生(しゃせい)를 중시하고, 子規가 사망한 후 그의 가르침을 이어받아 근대 短歌(たんか)의 혁신을 꾀한다.

左千夫는 短歌 연구에 심혈을 기울이는 한 편, 1905년 1월 잡지 『ホトトギス』에 子規의 사생문의 영향을 받은 「野菊(のぎく)の墓(はか)」를 발표하여 夏目漱石(なつめそうせき)로부터 격찬을 받는다.

左千夫는 1913년 뇌출혈로 사망하기 전까지 수많은 작품을 남겼는데, 대표작으로는 「隣(となり)の嫁(よめ)」「春(はる)の潮(うしお)」 등 10여 편의 소설과 「短歌連作論(たんかれんさくろん)」「言語(げんご)のひびき」 등의 歌論이 있다.

작품 소개

野菊の墓

15세 소년 政夫(まさお)와 두 살 위인 民子(たみこ)의 사랑을 그린 野菊の墓(のぎくはか)는 政夫의 성장소설이다. 사춘기의 통과의례이기도 한 사랑의 열병을 작가는 담담하고 소박한 문체로, 가을 들녘을 스치는 바람처럼 잔잔하게 그리고 있다. 소설가 이전에 短歌(たんか) 시인으로서 正岡子規(まさおかしき)의 写生(しゃせい) 短歌(たんか)의 영향을 받은 伊藤左千夫(いとうさちお)는 작품 전체에 흐르는 풍경을 객관적으로 묘사하고 있으며, 인물간의 사랑의 감정 또한 비유나 환유가 아닌 직접적인 회화체 대사로 처리함으로써 그들의 감정을 간결하게 독자에게 전달하고 있다.

矢切(やぎり) 나룻터에 政夫를 배웅하러 나온 民子가 남들이 볼까 몰래 눈물짓는 모습과 멀어져 가는 배 안에서 뿌옇게 흐려져 가는 民子를 본 것이 그녀와의 마지막이었음을 깨달은 후의 政夫의 절규와 애통함은 독자로 하여금 아련한 기시감도 느끼게 한다.

작가는 이 작품에서 15세 소년의 눈을 통해 바라본 세상, 모순된 어른들의 모습과 고리타분한 사회적 편견에 대해 비판하고 있다. 政夫에게 자신의 잘못을 사죄하며 절규하는 어머니의 모습과 용서를 구하는 民子 가족의 모습은 구태의연한 전근대적 사고방식으로부터의 탈피를 지향하는 작가적 의도로 파악된다.

하지만 작가가 비중을 두고 있는 보다 근본적인 이 작품의 메시지는 아주 단순하고 소박하다. 즉, 장애물이라는 꽃말을 가진 들국화를 통해 사춘기에 겪게 되는 사랑의 아픔과 이를 통과하면서 성숙한 개인으로 거듭나는 우리의 모습을 전달하고 있다. 들국화가 피어 있는 民子의 무덤 앞에서 그녀를 그리워하는 政夫의 모습은 이루지 못한 첫사랑에 대한 아련한 아픔을 보듬고 살아가는 우리 모두의 자화상인 것이다.

野菊の墓

後の月*という時分が来ると、どうも思わずにはいられない。幼い訳とは思うが何分にも忘れることができない。もはや十年余も過ぎ去った昔のことであるから、細かい事実は多くは覚えていないけれど、心持だけは今なお昨日のごとく、

□野菊 들국화 □墓 무덤, 묘 □時分 무렵, 시기 ■～ずにはいられない (동사 ない형에 붙어, 단 するは せず) ~하지 않고는 견딜 수 없다 〈彼の話を聞いて涙(なみだ)を流(なが)さずにはいられなかった 그의 이야기를 듣고 눈물을 흘리지 않을 수 없었다〉 □幼い 어리다 □訳 이유, 까닭 □何分 아무래도, 여하튼, 워낙 □もはや 이미, 벌써 □～余 ~남짓, ~여 =あまり □過ぎ去る (시간이) 지나다, 지나가다 □細かい 자세하다, 세세하다 □多く 대부분, 많음 □心持 기분, 심정 =気持(きもち) □今なお 아직도, 지금도 ■～のごとく (명사에 붙어) ~처럼, ~듯이 〈風のごとく 바람처럼〉

* 後の月 음력 8월 15일 밤에 대응하여 음력 9월 13일 밤에 뜨는 달로, 보름달 다음으로 아름답다고 알려져 있다. 윤달.

その時の事を考えてると、全く当時の心持に立ち返って、涙が留めどなく湧くのである。悲しくもあり楽しくもありというような状態で、忘れようと思うこともないではないが、むしろ繰返し繰返し、考えては、夢幻的の興味を貪っている事が多い。そんな訳からちょっと物に書いて置こうかという気になったのである。

僕の家というは、松戸から二里ばかり下って、矢切の渡しを東へ渡り、小高い岡の上でやはり矢切村といってる所。矢切の斎藤といえば、この界隈での旧家で、里見*の崩れが二、三人

□**全く** 정말로, 참으로, 아주 □**当時** 당시 □**立ち返る** (원래의 상태나 장소로) 되돌아가(오)다 □**留めどなく** 한없이, 그칠 줄 모르고 □**涌く** 솟아나다, 분출하다 □**～くもあり～くもあり** (い형용사 어간에 붙어) ～하기도 하고 ～하기도 하다 □**状態** 상태 □**～(よ)うと思う** ～하려고 생각하다 □**むしろ** 오히려, 차라리 □**繰返し** 반복함, 되풀이함 □**夢幻的** 몽환적, 무상한 □**興味** 흥미 □**貪る** 탐하다, 한없이 욕심 부리다 □**物に書く** 글로 쓰다 □**松戸** 千葉(ちば)현 북서부에 위치하고 있으며, 도쿄에 인접한 주택 · 상업도시로, 江戸(えど)시대 역참 도시로 발달했다 □**～里** ～리 〈일본의 1리는 3.927km로 한국의 약 10리에 해당함〉 □**～ばかり** (수량을 나타내는 말에 붙어) ～정도, ～쯤 □**下る** 내려가다 □**矢切** 千葉현 松戸시의 江戸川(えどがわ) 연안에 위치한 마을 □**渡し** 나루터 □**渡る** 건너다, 건너가(오)다 □**小高い** 조금 높다 □**岡** 언덕, 구릉 □**界隈** 근방, 근처 □**旧家** 유지, 유서 있는 집안 □**崩れ** 영락(몰락)한 사람

* **里見** 일본 戦国(せんごく)시대에 千葉현의 房総(ぼうそう) 지방을 중심으로 세력을 떨치던 大名(だいみょう)로, 関ヶ原(せきがはら) 전투 후, 大久保忠隣(おおくぼただちか)의 실각 사건에 연좌되어 멸망했다. 「**里見の崩れ**」라 함은 사토미 가문이 세력을 잃자 주인을 떠나 도망 온 사토미가의 무사들을 일컫는다.

ここへ落(お)ちて百姓(ひゃくしょう)になった内(うち)の一人が斎藤といったのだと祖父(そふ)から聞いている。屋敷(やしき)の西側(にしがわ)に一丈(じょう)五、六尺(しゃく)も廻(まわ)るような椎(しい)の樹(き)が四、五本重(かさ)なり合(あ)って立っている。村一番(むらいちばん)の忌森(いもり)で村中(むらじゅう)から羨(うらや)ましがられている。昔から何(なに)ほど暴風(あらし)が吹(ふ)いても、この椎森(しいもり)のために、僕の家ばかりは屋根(やね)を剥(は)がれたことはただの一度もないとの話だ。家なども随分(ずいぶん)と古い、柱(はしら)が残(のこ)らず椎の木だ。それがまた煤(すす)やら垢(あか)やらで何の木か見分(みわ)けがつかぬくらい、奥(おく)の間(ま)の最(もっと)も煙(けむり)に遠いとこでも、天井板(てんじょういた)がまるで油炭(あぶらすみ)で塗(ぬ)ったように、板(いた)の木目(もくめ)も判(わか)らぬほど黒い。それでも

□落ちる 몰래 달아나다, 낙향하다 □百姓 농사꾼, 농민 □屋敷 저택, 고급 주택 □～丈 ～장〈1장은 약 3.03m임〉 □～尺 ～척〈1척은 약 30.3cm임〉 □廻る 주위를 돌다 □椎の樹 모밀잣밤나무 □重なり合う (몇 개의 것이) 서로 겹치다 □村一番 마을에서 제일임 □忌森 신성한 숲〈저택의 주변을 둘러싸고 바람 등을 막아줌〉 □村中 온 마을〈世界中 전 세계〉 □羨ましがられる 부러움을 사다 □何ほど 아무리 =いかに □暴風が吹く 폭풍우가 몰아치다 =暴風(ぼうふう)が吹く □椎森 모밀잣밤나무 숲 □～ばかり ～만, ～뿐 □屋根 지붕 □剥がれる 벗겨지다, 벗겨져 떨어지다 □ただ 단지, 다만 □～との ～라는, ～라고 하는〈～という와 같은 뜻으로 문장체에서 많이 씀〉 □随分 꽤, 상당히 □柱 기둥 □残らず 모두, 남김없이 죄다 □煤 그을음, 검댕 □垢 때, 더러움 □～やら～やら ～며 ～며〈병렬 · 열거를 나타냄〉 □見分けがつく 분간하다, 구분하다 □～ぬ ～지 않다 =ん〈부정을 나타내는 말로 동사 ない형에 붙음. 단, する는 せぬ, くる는 こぬ가 됨〉 □奥の間 안방, (큰 집의) 안쪽 깊숙이 있는 거실 □最も 가장, 제일 □煙 연기 □とこ 곳〈ところ의 준말〉 □天井板 천장 널빤지 □油炭 기름에 갠 먹물 □塗る 칠하다, 바르다 □板 널빤지 □木目 나뭇결 □判る 알다 =分(わ)かる □～ほど ～할 만큼, ～할 정도

建ちは割合に高くて、簡単な欄間もあり銅の釘隠なども打ってある。その釘隠が馬鹿に大きい雁であった。もちろんちょっと見たのでは木か金かもしれないほど古びている。

　僕の母なども先祖の言い伝えだからといって、この戦国時代*の遺物的古家を、大へんに自慢されていた。その頃母は血の道で久しく煩っておられ、黒塗的な奥の一間がいつも母の病褥となっていた。その次の十畳の間の南隅に、二畳の小座敷がある。僕がいない時は機織場で、僕がいる内は僕の読書室にしていた。手摺窓の障子を明けて頭を出すと、椎の枝が青空を遮って北を掩うている。

□**建ち** 건물의 중심부, 건물 등의 수직 정도 □**割合に** 비교적, 다른 것과 비교하여 □**欄間** 통풍창 □**銅** 동, 구리 □**釘隠** 못가리개 〈눈에 띄는 곳에 박은 못을 가리기 위해 씌우거나 붙이는 장식물〉 □**馬鹿に** 몹시, 매우 □**雁** 기러기 □**古びる** 낡아지다 □**先祖** 선조, 조상 □**言い伝え** 전설, 구전 □**～だからといって** ～이라며 □**遺物** 유물 □**～的** ～같은, ～의 성질을 띤 □**自慢する** 자랑하다 □**血の道** (한방 의학에서 말하는) 부인병 〈부인들의 생리상의 병에서 발생하는 두통 · 현기증 등 갖가지 병의 증상〉 □**久しく** 오랫동안 □**煩う** (병을) 앓다, 병이 나다 □**おる** 존재하다, 있다 〈いる에 비해 약간 방언투이며 예스러운 말로서 공손한 뜻을 지님〉 □**黒塗** 먹 또는 옻으로 검게 칠하는 것, 또는 그 칠한 것 □**一間** 방 하나 〈間는 일본식 방의 수를 세는 말 | 一間(ひとま), 二間(ふたま)〉 □**病褥** 병상 ＝病床(びょうしょう) □**～畳の間** 다다미 ～장짜리 방 〈다다미 1장은 세로 약 1.81m 가로 0.9m로 지방마다 약간의 차이가 있음〉 □**隅** 구석 □**小座敷** (다다미를 깐) 작은 방, 곁방 □**機織場** 베 짜는 방 □**手摺窓** 창문, 난간 □**障子** 장지문 □**枝** 가지 □**青空** 파란 하늘 □**遮る** (방해하여) 가로막다 □**掩う** 뒤덮다, (표면을) 덮다 □**掩うて** 고어로 현재는 関西(かんさい)지방 방언으로 남아 있음 ＝俺って

* **戦国時代(1467년～1568년)**　応仁の乱(おうにんのらん, 1467년~1477년) 이후 織田信長(おだのぶなが)가 천하통일에 나서기까지의 혼란기를 말한다.

母が永(なが)らくぶらぶらしていたから、市川(いちかわ)の親類(しんるい)で僕には縁(えん)の従妹(いとこ)になっている、民子(たみこ)という女の子が仕事の手伝いやら母の看護(かんご)やらに来ておった。僕が今忘れることができないというのは、その民子と僕との関係である。その関係といっても、僕は民子と下劣(げれつ)な関係をしたのではない。

僕は小学校*を卒業したばかりで十五歳、月を数(かぞ)えると十三歳何ヶ月という頃、民子は十七だけれどそれも生(うま)れが晩(おそ)いから、十五と少しにしかならない。痩(や)せぎすであったけれども顔は丸い方で、透(す)き徹(とお)るほど白い皮膚(ひふ)に紅味(あかみ)を帯(お)んだ、誠(まこと)に光沢(つや)の好(よ)い子であった。いつでも活々(いきいき)として元気がよく、その癖気(くせき)は弱(よわ)くて憎気(にくげ)の少しもない子であった。

□永らく 오랫동안, 오래도록 □ぶらぶら 병이 완전히 낫지 않고 오래동안 지속되는 모양 □市川 千葉(ちば)현 북서부에 위치한 도시로, 江戸川(えどがわ)를 끼고 도쿄에 인접해 있어 오래전부터 주택과 상공업이 발달했다 □親類 친척 ＝親戚(しんせき) □縁の従妹 먼 친척, 친척뻘 되는 사촌 □看護 간호 □下劣な関係 저속한 관계, 육체적 관계 ■～たばかりだ (동사 た형에 붙어) ～한 지 얼마 안 되다 〈祭(まつ)りは始まったばかりだ 축제는 시작된 지 얼마 안 된다〉 □月を数える 달수를 세다 □晩い 늦다 □痩せぎす 앙상하게 마름, 또 그런 사람 □透き通る 맑게 비쳐 보이다, 투명하다 □皮膚 피부 □紅味を帯ぶ 붉은빛을 띠다 □誠に 정말이지, 참으로 □光沢 윤기, 광택 □活々 활기차고 생기가 넘치는 모양 □その癖 그럼에도 불구하고, 그런데도 □気は(が)弱い 소심하다 □憎気 미운 구석, 밉살스러운 모양이나 언동

* 小学校　당시 소학교는 6세부터 입학이 가능했으며, 초등소학교 4년제, 중등소학교 4년제, 중학교 3년제로, 그 외 고등교육으로 사범학교, 의학교 등 여러 교육기관이 있었다.

もちろん僕とは大の仲好しで、座敷を掃くといっては僕の所をのぞく、障子をはたくといっては僕の座敷へ入ってくる、私も本が読みたいの手習がしたいのという、たまにはハタキの柄で僕の背中を突いたり、僕の耳を摘んだりして逃げてゆく。僕も民子の姿を見れば来い来いというて二人で遊ぶのが何より面白かった。

□大の 아주, 굉장한 □仲好し 사이가 좋음, 단짝, 친구 □座敷 응접실, 객실 ＝客間(きゃくま) □掃く 쓸다, 비질하다 □のぞく (좁은 틈으로) 들여다보다 □はたく (먼지 등을) 털다 □手習 습자〈문자의 읽고 쓰기를 배우는 일〉 □~の~の ~느니 ~느니〈열거를 나타냄〉 □たまには 때로는, 가끔은 □ハタキ 먼지떨이, 총채 □柄 손잡이, 자루 □突く 찌르다 □摘む (손가락으로) 따다, 뜯다 □逃げる 도망치다, 달아나다 □姿 모습, 자태 □何より 무엇보다도 가장

母から いつでも叱られる、

「また民やは政の所へ入ってるナ。コラアさっさと掃除をやってしまえ。これからは政の読書の邪魔などしてはいけません。民やは年上の癖に……」

などとしきりに小言を言うけれど、その実母も民子をば非常に可愛がっているのだから、一向に小言がきかない。私にも少し手習をさして……などと時々民子はだだを言う。そういう時の母の小言も決まっている。

「お前は手習よか裁縫です。着物が満足に縫えなくては女一人前として嫁にゆかれません」

□叱る 야단치다, 꾸짖다 □～や (인명이나 사람을 나타내는 말에 붙어) 친밀감을 나타내는 말 □コラア 상대편이 주의하도록 하는 말, 이봐, 얘 □さっさと 동작이 재빠른 모양, 빨리빨리 □邪魔 방해, 훼방 □年上 연상 □～の癖に ～이면서, ～인 주제에 □しきりに 자주, 끊임없이 □小言を言う 잔소리를 하다 □その実 사실 □～をば ～을/를 〈조사 を에 붙은 は가 탁음화된 것으로, 동작 · 작용의 대상을 특히 강조할 때 씀〉 □非常に 대단히, 몹시 □一向(に) (뒤에 부정어가 와서) 전혀, 조금도 □きく 효력이 있다, 통하다 □さす 시키다, 하게 하다 ＝させる □だだを言う 떼를 쓰다, 억지를 부리다, 억지소리를 하다 □決まる 정해지다, 결정되다 □～よか ～보다 ＝～より □裁縫 재봉, 바느질 □縫う 꿰메다, 바느질하다 □一人前 어엿한 한 사람, 한 사람의 역할 □～として ～로서 〈자격〉 □嫁にゆく 시집가다

この頃僕に一点(いってん)の邪念(じゃねん)がなかったはもちろんであれど、民子の方にも、いやな考えなどは少しもなかったに相違(そうい)ない。しかし母がよく小言を言うにもかかわらず、民子はなお朝の御飯だ昼の御飯だというては僕を呼びにくる。呼びにくるたびに、急いで入って来て、本を見せろの筆(ふで)を借せのといってはしばらく遊んでいる。その間(ま)にも母の薬を持ってきた帰りや、母の用(よう)を達(た)した帰りには、きっと僕の所へ入ってくる。僕も民子がのぞかない日は何(なん)となく淋(さび)しく物足(ものた)らず思われた。今日は民さんは何をしているかナと思(おも)い出(だ)すと、ふらふらッと書室(しょしつ)を出る。民子を見にゆくというほどの心ではないが、ちょっと民子の姿が目(め)に触(ふ)れれば気(き)が落着(おちつ)くのであった。何(なん)のこったやっぱり民子を見に来たんじゃないかと、自分で自分を嘲(あざけ)ったようなことがしばしばあったのである。

□一点 조금, 한 점 □邪念 사심, 사악하고 부정한 생각 ＝邪心(じゃしん) □～であれど ～이지만 ＝であるけれど □～に相違ない ～임에 틀림없다 □～にもかかわらず ～에도 불구하고 □なお 여전히, 역시, 아직 ■～たびに (동사 기본형, 명사の에 붙어) ～할 때 마다 〈雨が降るたびに庭(にわ)の草も伸(の)びる 비가 내릴 때마다 마당의 풀도 자란다〉 □筆 붓 □用を達す 볼일을 보다 □きっと 반드시, 꼭 □何となく 왠지, 어쩐지 ＝なんだか □淋しい 쓸쓸하다, 적적하다 □物足らず 뭔가 허전하게, 어쩐지 섭섭하게 □思い出す 생각나다, 떠오르다 □ふらふらッと 무심코 □書室 공부방, 독서실 □目に触れる 눈에 띄다 □気が落着く 마음이 침착해지다, 안정되다 □何のこった 이게 뭐람 □嘲る 비웃다, 조소하다 □しばしば 종종, 여러 차례 ＝たびたび

村のある家さ瞽女(ごぜ)*がとまったから聴(き)きにゆかないか、祭文(さいもん)*がきたから聴きに行こうのと近所の女共(おんなども)が誘(さそ)うても、民子は何とか断(ことわ)りをいうて決(けっ)して家を出ない。隣村(となりむら)の祭で花火や飾物(かざりもの)があるからとの事(こと)で、例(れい)の向(むこ)うのお浜(はま)*や隣のお仙(せん)らが大騒(おおさわ)ぎして見にゆくというに、内のものらまで民さんも一所(いっしょ)に行って見てきたらというても、民子は母の病気を言(い)い前(まえ)にして行かない。僕もあまりそんな所へ出るは嫌(いや)であったから家にいる。民子はこそこそと僕の所へ入ってきて、小声(こごえ)で、私は内にいるのが一番面白いわといってニッコリ笑う。

□~さ ~말이지, ~말이야 〈어조를 고르는 등에 쓰임〉 □とまる 머무르다, 묵다 □誘う 권유하다, 꾀다 □断りをいう 거절을 하다 □決して~ない 결코 ~하지 않다 □飾物 장신구, 장식품 □~からとの事で ~라면서 □例の 예의, 그 □向う 건너편, 저편 □大騒ぎする 호들갑 떨다, 소란을 피우다 □ものら (일하는) 사람들 □一所に 같이, 함께 =一緒(いっしょ)に □言い前 핑계, 구실 =言訳(いいわけ) □こそこそと 남몰래 하는 모양, 살금살금 □小声 작은 소리 □ニッコリ 생긋, 방긋

* 瞽女 일본의 전통 악기인 三味線(しゃみせん)을 연주하며 읊조리며 노래하는 맹인 여성, 앞을 못 보는 여자 걸인을 일컫는다.
* 祭文 사람이 많은 곳 등에서 三味線의 반주에 맞춰 이야기를 읊으며 돈을 받는 사람, 노래꾼
* お浜 お는 여자의 이름 앞에 붙여 친밀감과 사랑스러운 느낌을 더한다.

僕も何(なん)となし民子をばそんな所へやりたくなかった。僕が三日置(お)き四日置きに母の薬を取りに松戸(まつど)へゆく。どうかすると帰りが晩(おそ)くなる。民子は三度も四度も裏坂(うらざか)の上まで出て渡(わた)しの方を見ていたそうで、いつでも家中(いえじゅう)のものに冷(ひや)かされる。民子は真面目(まじめ)になって、お母さんが心配して、見てお出(い)で見てお出でというからだと言(い)い訳(わけ)をする。家の者は皆ひそひそ笑っているとの話であった。

そういう次第(しだい)だから、作(さく)おんなのお増(ます)などは、むしょうと民子を小面憎(こづらにく)がって、何(なに)かというと、

「民子さんは政夫(まさお)さんとこへばかり行きたがる、隙(ひま)さえあれば政夫さんにこびりついている」

□何となし 어쩐지 =何(なん)となく □やる 보내다 □~置き(に) ~건너, ~간격으로 □どうかすると 어찌어찌하다 보면, 자칫하면 □裏坂 뒤편 언덕 □渡し 나루터 □家中のもの 온 집안사람 □冷かす 놀리다, 희롱하다 □真面目になる 정색을 하다 □言い訳をする 변명을 하다 □ひそひそ 작은 소리로 이야기 하는 모양, 소곤소곤, 남몰래 □次第 이유, 사정 □作おんな (농가에 고용되어) 농사일을 하는 여자 ↔ 作おとこ 농사일 하는 남자 □むしょうと 무턱대고, 공연히 □小面憎がる 얄미워하다, 밉살스러워하다 〈~がる(い형용사 · な형용사 어간, 명사, 조동사 たい에 붙어) ~하게 생각하다, ~하다고 느끼다〉 □何かというと 입만 벙긋하면, 툭하면 그런 이유로 □隙 틈, 짬 ■~さえ~ば ~만 ~하면 〈元気でさえいてくれればそれでいいです 건강하게만 있어 준다면 그걸로 좋습니다〉 □こびりつく 달라붙다, 단단히 들러붙다

などとしきりにいいはやしたらしく、隣のお仙や向うのお浜等までかれこれ噂(うわさ)をする。これを聞いてか嫂(あによめ)が母に注意(ちゅうい)したらしく、ある日母は常(つね)になくむずかしい顔(かお)をして、二人を枕(まくら)もとへ呼(よ)びつけ意味(いみ)ありげな小言をいうた。

「男も女も十五、六になればもはや子供ではない。お前等二人もあまり仲(なか)が好過(よす)ぎるとて人がかれこれいうそうじゃ。気をつけなくてはいけない。民子が年(とし)かさの癖によくない。これからはもう決して政の所へなど行くことはならぬ。吾子(わがこ)を許(ゆる)すではないが政はまだ子供だ。民やは十七ではないか。つまらぬ噂をされるとお前の体に疵(きず)がつく。政夫だって気をつけろ……。来月から千葉(ちば)の中学へ行くんじゃないか」

□いいはやす 소문을 퍼뜨리다, 떠들어 대다 □かれこれ 이러쿵저러쿵, 이것저것 □噂をする (그 자리에 없는 사람에 대하여) 이러니저러니 이야기하다 □嫂 형수 □注意する 귀띔을 하다, 주의를 주다 □常になく 여느 때와 달리 □むずかしい顔をする (기분이) 언짢은 얼굴을 하다 □枕もと 머리맡 □呼びつける 불러오다, 불러서 오게 하다 □意味ありげな 의미심장한 □仲 사이 □~とて ~하고 말하며, ~고 하여 □年かさ (다른 사람보다) 나이가 많음 또는 그런 사람, 연상 =年上(としうえ) □~ことはならぬ ~해서는 안 된다 =~ことはならない □吾子 내 자식 =我子(わがこ) □許す 용서하다, 허락하다 □つまらぬ 쓸데없다, 보잘 것 없다 □噂をされる 소문이 퍼지다, 소문이 나다 □疵がつく 흠집이 나다, 상처가 나다 □~だって ~도, ~또한

民子は年が多いしかつは意味(いみ)あって僕の所へゆくであろうと思われたと気(き)がついたか、非常に恥(は)じ入(い)った様子に、顔真(まっ)赤(か)にして俯向(うつむ)いている。常(つね)は母に少しくらい小言いわれても随分だだをいうのだけれど、この日はただ両手(りょうて)をついて俯向いたきり一言(ひとこと)もいわない。何の疚(やま)しい所のない僕はすこぶる不平(ふへい)で、

「お母さん、そりゃあまり御無理(ごむり)です。人が何といったって、私らは何の訳もないのに、何か大変悪いことでもしたようなお小言じゃありませんか。お母さんだっていつもそういってたじゃありませんか。民子とお前とは兄弟も同じだ、お母さんの眼(め)からはお前も民子も少しも隔(へだ)てはない、仲よくしろよといつでもいったじゃありませんか」

□かつは 한편으로는, 또한 □意味 (표현이나 행동의) 목적, 의도 □気がつく 눈치 채다, 알아차리다 □恥じ入る 매우 부끄러워하다 □俯向く 고개(머리)를 숙이다 ↔ 仰向(あおむ)く 고개를 젖혀 위로 향하다 □常は 평소에는, 보통은 ＝普段(ふだん) □両手をつく 양손을 땅에 짚다 □～きり (동사 た형에 붙어 그것을 마지막으로 다음에 예상되는 변화가 일어나지 않음을 나타냄) ～한 채, ～뿐 □一言 한마디 □疚しい 꺼림칙하다, 뒤가 켕기다, 양심의 가책을 느끼다 □すこぶる 매우, 대단히, 몹시 □不平 투덜거림, 불평 □そりゃ 그것은 ＝それは □無理 무리, 억지 □～たって ～라고 해도, ～라 한들 〈ても의 격의 없는 회화체〉 □隔て 차이, 차별

母の心配も道理(どうり)のあることだが、僕等もそんないやらしいことをいわれようとは少しも思っていなかったから、僕の不平もいくらかの理(り)はある。母はにわかにやさしくなって、

「お前達に何の訳もないことはお母さんも知ってるがネ、人の口がうるさいから、ただこれから少し気をつけてというのです」

色青(いろあお)ざめた母の顔にもいつしか僕等を真(しん)から可愛がる笑(え)みが湛(たた)えている。やがて、

「民やはあのまた薬を持ってきて、それから縫(ぬ)いかけの袷(あわせ)を今日中に仕上(しあ)げてしまいなさい……。政は立ったついでに花を剪(き)って仏壇(ぶつだん)へ捧(あ)げて下さい。菊(きく)はまだ咲(さ)かないか、そんなら紫苑(しおん)でも切ってくれよ」

□道理 일리　□いやらしい 불쾌하다, 불쾌감이 들다　□いくらかの 어느 정도의, 얼마간의　□理 일리, 이치　□にわかに 갑자기, 돌연　□うるさい 시끄럽다, 성가시다　□色 얼굴빛, 피부색　□青ざめる (얼굴빛이 핏기를 잃어) 창백해지다, 해쓱해지다　□いつしか 어느덧, 어느 사이엔지　□真から 진심으로, 마음에서부터　□笑み 미소 ＝微笑(ほほえ)み　□湛える (감정이나 웃음을) 떠올리다, 띠다　□やがて 이윽고, 머지않아　□縫いかけ 바느질하다 만, 꿰매다 만 〈かける (동사 ます형에 붙어) ~하다 말다, ~하기 시작하다〉　□袷 안감을 댄 겹옷　□仕上げる 완성하다, 일을 끝내다　■ ~ついでに (동사 기본형 · た형, 명사の에 붙어) ~하는 김에 〈ジムに行くついでに友達の家に寄(よ)った 체육관에 가는 김에 친구 집에 들렀다〉　□剪る (식물을 가위 등으로) 자르다　□仏壇 불단　□捧げる (신불 앞에) 바치다, 올리다　□紫苑 개미취, 국화과의 다년초

本人達は何(なん)の気(き)なしであるのに、人がかれこれいうのでかえって無邪気(むじゃき)でいられないようにしてしまう。僕は母の小言も一日しか覚えていない。二、三日たって民さんはなぜ近頃(ちかごろ)は来ないのかしらんと思ったくらいであったけれど、民子の方では、それからというものは様子(ようす)がからっと変わってしもうた。

民子はその後僕の所へは一切(いっさい)顔出(かおだ)ししないばかりでなく、座敷の内で行逢(いきあ)っても、人のいる前などでは容易(ようい)に物(もの)もいわない。何(なに)となくきまりわるそうに、まぶしいような風(ふう)で急いで通(とお)り過(す)ぎてしまう。よんどころなく物をいうにも、今までの

□何の気なし 아무 생각 없음, 무심함 □かえって 오히려, 반대로 □無邪気 순수함, 천진난만함 □たつ(経つ) (시간 · 세월이) 지나다, 경과하다 □近頃 요즘, 근래 =このごろ □~かしらん ~일까, ~일(인)지 몰라 〈~かしら+ん(추량)〉 □それからというもの 그때부터, 그리고 나서 □様子 태도, 모습 □からっと 갑자기 변하는 모양, 싹 □~てしもうた ~해 버렸다 〈=てしまった, しまう의 ウ音便〉 □一切 (뒤에 부정 표현이 올 때) 일절, 전혀 □顔出しする 얼굴을 내밀다, 나타나다 □~ばかりでなく ~뿐만이 아니라 □行逢う 우연히 마주치다 □容易に 쉽사리, 간단하게 □物をいう 말을 하다, 입을 열다 □きまりわるい 쑥스럽다, 겸연쩍다 =はずかしい □まぶしい 눈부시다 =まばゆい □風 모습, 모양 □通り過ぎる 지나가다 =通(とお)り越(こ)す □よんどころなく 부득이하게, 어쩔 수 없이 =やむをえず

無遠慮に隔てのない風はなく、いやに丁寧に改まって口をきくのである。時には僕があまりにわかに改まったのをおかしがって笑えば、民子もついには袖で笑いを隠して逃げてしまうという風で、とにかく一重の垣が二人の間に結ばれたような気合になった。

それでもある日の四時過ぎに、母のいいつけで僕が背戸の茄子畑に茄子をもいでいると、いつの間にか民子が笊を手に持って、僕の後ろにきていた。

「政夫さん……」

出し抜けに呼んで笑っている。

□**無遠慮に** 격의 없이, 버릇없이, 거리낌 없이 □**いやに** 대단히, 몹시 □**丁寧** 정중함, 공손함 □**改まる** 격식을 차리다, 정색을 하다 □**口をきく** 말하다 □**ついには** 결국에는, 마침내 =とうとう □**袖** 옷소매 □**隠す** 감추다, 숨기다 □**とにかく** 어쨌든, 여하튼 =ともかく □**一重** 홑겹, 한 겹 □**垣** 울타리, 담 =垣根(かきね) □**結ぶ** 짓다 □**気合** 기분, 마음 □**いいつけ** 심부름, 지시 □**背戸** 집의 뒤쪽, 집의 뒷문 □**茄子畑** 가지밭 □**もぐ** (열매 등을) 따다 =もぎる □**いつの間にか** 어느샌가 □**笊** 소쿠리 □**出し抜けに** 불쑥, 느닷없이 =不意(ふい)に

「私もお母さんからいいつかって来たのよ。今日の縫物(ぬいもの)は肩(かた)が凝(こ)ったろう、少し休みながら茄子をもいできてくれ。明日麹漬(こうじづけ)をつけるからって、お母さんがそういうから、私飛(と)んできました」

民子は非常に嬉(うれ)しそうに元気一パイで、僕が、

「それでは僕が先にきているのを民さんは知らないで来たの」

というと民子は、

「知らなくてサ」

にこにこしながら茄子を採(と)り始(はじ)める。

□いいつかる 명령을 받다, 분부를 받다 □縫物 바느질, 재봉 □肩が凝る 어깨가 뻐근하다, 어깨가 결리다 □麹漬けをつける (생선 · 야채 · 육류 등을) 소금과 누룩에 담가 절이다 □飛んでくる 달려오다, 급히 오다 □嬉しい 기쁘다 □にこにこ 싱글벙글, 생글생글 □採り始める (열매 등을) 따기 시작하다 〈～始める (동사 ます형에 붙어) ～하기 시작하다〉

茄子畑というは、椎森の下から一重の藪(やぶ)を通(とお)り抜(ぬ)けて、家より西北(にしきた)に当(あた)る裏(うら)の前栽畑(せんざいばたけ)。崖(がけ)の上になってるので、利根川(とねがわ)*はもちろん中川(なかがわ)*までもかすかに見え、武蔵(むさし)*一えんが見渡(みわた)される。秩父(ちちぶ)から足柄箱根(あしがらはこね)の山々、富士(ふじ)の高峯(たかね)も見える。東京の上野(うえの)の森だというのもそれらしく見える。水のように澄(す)みきった秋の空、日は一間半(いっけんはん)ばかりの辺(へん)に傾(かたむ)いて、僕等二人が立っている茄子畑を正面(まとも)に照(て)り返(かえ)している。あたり一体(いったい)にシンとしてまたいかにもハッキリとした景色(けしき)、吾等(われら)二人は真(しん)に画中(がちゅう)の人である。

□**藪** 덤불, 대숲 □**通り抜ける** 빠져 나오다, 통과하다 □**~に当る** ~의 위치에 있다, ~에 해당하다 □**裏** 뒤, 뒤쪽 □**前栽畑** 채소밭 □**崖** 절벽, 낭떠러지 □**かすかに** 희미하게, 어렴풋이 □**一えん** (어떤 지역의) 일대, 전체 □**見渡す** 멀리까지 널리 바라보다 □**秩父** 埼玉(さいたま)현 서부의 상업 도시 □**足柄** 神奈川(かながわ)현 남서부에 있는 지방명 □**箱根** 神奈川현 남서부의 하코네산 일대의 통칭 □**富士** 富士山(ふじさん)의 남쪽 기슭에 위치한 공업 도시 □**高峯** 높은 봉우리 □**それらしく** 그럴듯하게 □**澄みきる** 맑디맑다 □**~間** ~간 〈길이를 나타내는 단위로, 1간은 약 1.82m〉 □**辺** 근처, 부근 □**傾く** 기울다, 비스듬해지다 □**正面** 정면 ↔ 側面(そくめん) 측면 □**照り返す** (빛을) 비추다, 반사하다 □**一体に** 대체로, 전반적으로 □**シンと** 아주 조용한 모양, 잠잠히, 고요히 □**いかにも** 정말이지, 자못, 매우 □**景色** 경치 □**吾等** 우리 □**真に** 참으로, 정말로 □**画中** 그림 속

* **利根川** 群馬(ぐんま)현에서 시작되어, 관동평야를 관통해서 태평양으로 이어지는 일본 최대의 유역 면적을 자랑하는 강으로, 길이가 322km에 이른다.
* **中川** 埼玉(さいたま)현 동부 지역을 남쪽으로 흘러 도쿄만에 이르는 강
* **武蔵** 일본의 옛 행정 단위에 의해 구분된 지방명 중 하나로, 현재 도쿄와 埼玉현 일대와 神奈川(かながわ)현의 북동부 부근에 해당한다.

「マア何(なん)という好(よ)い景色でしょう」

民子もしばらく手をやめて立った。

僕はここで白状(はくじょう)するが、この時の僕はたしかに十日以前の僕ではなかった。二人は決してこの時無邪気な友達ではなかった。いつの間にそういう心持が起(おこ)っていたか、自分には少(すこ)しも判らなかったが、やはり母に叱られた頃から、僕の胸の中にも小さな恋(こい)の卵(たまご)が幾個(いくつ)か湧(わ)きそめておったに違いない。僕の精神状態(せいしんじょうたい)がいつの間にか変化(へんか)してきたは、隠すことのできない事実である。この日初めて民子を女として思ったのが、僕に邪念の萌芽(めざし)ありし何よりの証拠(しょうこ)じゃ。

□何という 너무 대단해서 뭐라고 형용해야 좋을지 모를 정도임을 나타내는 말, 정말 □手をやめる 손을 놓다, 하던 일을 멈추다 □白状する 고백하다, 자백하다 □たしかに 확실히, 분명히 □起る 생기다, 발생하다 □少しも (뒤에 부정어가 와서) 전혀, 조금도 □恋の卵 사랑의 싹 □幾個 몇 개 〈幾 (주로 명사에 붙어) 수량 · 정도가 불확실함 · 불명확함을 나타냄 | 幾年(いくねん) 몇 년, 幾度(いくたび) 몇 번〉 □湧きそめる 움트기 시작하다, 솟아나기 시작하다 〈～そめる (동사 ます형에 붙어) ～하기 시작하다, 처음 ～하다〉 □精神状態 정신상태 □変化する 변화하다 □萌芽 징조, 조짐 ＝萌(きざ)し □ありし 존재한, 있었던 〈あるの ます형+し(과거 경험을 나타내는 조동사 き의 연체형〉 □証拠 증거 □～じゃ ～이다 ＝だ 〈である→であ→じゃ로 변한 말로 단정을 나타냄 | そうじゃ 그렇다〉

民子が体をくの字(じ)にかがめて、茄子をもぎつつあるその横顔(よこがお)を見て、今更(いまさら)のように民子の美しく可愛らしさに気がついた。これまでにも可愛らしいと思わぬことはなかったが、今日はしみじみとその美しさが身(み)にしみた。しなやかに光沢(つや)のある鬢(びん)の毛(け)につつまれた耳(みみ)たぼ、豊(ゆた)かな頬(ほお)の白く鮮(あざ)やかな、顎(あご)のくくしめの愛(あい)らしさ、頸(くび)のあたりいかにも清(きよ)げなる、藤色(ふじいろ)の半襟(はんえり)*や花染(はなぞめ)の襷(たすき)*や、それらがことごとく優美(ゆうび)に眼(め)にとまった。そうなると恐(おそ)ろしいもので、物をいうにも思(おも)い切(き)ったことはいえなくなる、恥(はず)かしくなる、きまりが悪くなる、皆例の卵の作用(さよう)から起ることであろう。

□**くの字にかがめる** 히라가나 'く'자 모양으로 몸을 구부리다, 굽히다 □**もぎる** (열매 등을) 따다 ＝もぐ ■**～つつある** (동사 ます형에 붙어) 계속 ~중이다 □**横顔** 옆얼굴 □**今更のように** 새삼스럽게, 이제 와서 □**しみじみ(と)** 마음속 깊이, 절실히 □**身にしみる** 절실히 느끼다, 몸에 스며들다 □**しなやか** 부드러움, 나긋나긋함 □**鬢の毛** 귀밑머리 □**つつむ** 감싸다, 둘러싸다 □**耳たぼ** 귓불 □**豊か** 풍성함, 풍부함 □**頬** 볼, 뺨 ＝ほほ □**鮮やか** 선명함, 산뜻함 □**顎** 턱 □**くくしめ** 동그랗고 귀여운 탄력 있는 모습 □**愛らしい** 귀엽다, 사랑스럽다 □**頸のあたり** 목 언저리 □**清げなる** 너무 맑고 깨끗한, 더럽혀 지지 않은 〈い형용사 어간+げ(그런 상태나 모습임을 나타냄)+なり(단정의 조동사 なる의 연체형〉 □**藤色** 연보랏빛 □**花染** 자주달개비꽃으로 물을 들임 또는 그 색 □**ことごとく** 모두, 모조리 ＝全(すべ)て □**優美** 우아(함), 아름다움 □**眼にとまる** 눈에 비치다, 눈에 띄다, 눈에 머물다 □**恐ろしい** 두렵다, 무섭다 □**～もので** ~하게도, ~해서 □**思い切る** 결심하다, 단념하다 □**作用** 작용

* **半襟** 일본 着物(きもの)용 속옷의 깃 위에 장식이나 때가 타는 것을 방지하기 위해 덧대는 깃

* **襷** 일본 着物를 입고 일할 때 옷소매를 걷어 올려 매는 어깨끈으로, 양어깨에서 양겨드랑이에 걸쳐 등 뒤로 돌려 묶어 X자 모양으로 맨다.

ここ十日ほど仲垣(なかがき)の隔(へだ)てができて、ロクロク話もせなかったから、これも今までならば無論(むろん)そんなこと考えもせぬにきまっているが、今日はここで何か話さねばならぬような気(き)がした。僕は初め無造作(むぞうさ)に民さんと呼んだけれど、後(あと)は無造作に詞(ことば)が継(つ)げない。おかしく喉(のど)がつまって声が出ない。民子は茄子を一つ手に持ちながら体を起し、

「政夫さん、なに……」

「何でもないけど民さんは近頃へんだからさ。僕なんかすっかり嫌(きら)いになったようだもの」

民子はさすがに女性(にょしょう)で、そういうことには僕などより遥(はる)かに神経(しんけい)が鋭敏(えいびん)になっている。さも口惜(くや)しそうな顔して、つと僕の側(そば)へ寄(よ)ってきた。

□仲垣の隔て 칸막이, 경계의 울타리, 두 사람의 마음을 갈라놓는 감정(응어리) □ロクロク (뒤에 부정 표현이 와서) 변변히, 제대로 □無論 물론 □~にきまっている 반드시 ~(하)기 마련이다 □~ねばならぬ ~하지 않으면 안 된다 =~なければならない □気がする 기분이 들다, 생각이 들다 □無造作に 아무렇지도 않게, 간단하게 □後 나중 □詞 말 =言葉 □継ぐ 이어지다 □喉がつまる 목이 막히다 □へん 이상함, 보통과 다름, 별남 □~なんか ~같은 것, ~따위 □すっかり 완전히, 아주 □~もの ~한 걸, ~한 걸 뭐 〈=もん, 주로 여성이나 아이가 문장 끝에 붙여 주장할 때 씀〉 □女性 여자, 여성 □遥かに 훨씬 □神経 신경 □鋭敏 예민 □さも 자못, 정말로 =いかにも □口悔しい 분하다, 억울하다 □つと 불쑥, 갑자기 =急(きゅう)に □側 곁, 옆 □寄る 다가서다, 접근하다 =近(ちか)づく

「政夫さんはあんまりだわ。私がいつ政夫さんに隔てをしました……」

「何さ、この頃民さんは、すっかり変っちまって、僕なんかに用(よう)はないらしいからよ。それだって民さんに不足(ふそく)をいう訳(わけ)ではないよ」

民子はせきこんで、

「そんな事いうはそりゃ政夫さんひどいわ、御無理だわ。この間(あいだ)は二人を並(なら)べて置いて、お母さんにあんなに叱られたじゃありませんか。あなたは男ですから平気(へいき)でお出でだけど、私は年は多いし女ですもの、あアいわれては実(じつ)に面目(めんぼく)がないじゃありませんか。それですから、私は一生懸命(いっしょうけんめい)になってたしなんでいるんでさ。それを政夫さん隔(へだ)てるの嫌(いや)になったろうのというんだもの、私はほんとにつまらない……」

□用 볼일 =用事(ようじ) □それだって 그렇더라도, 그렇다고 할지라도 □不足をいう 불만을 얘기하다, 불평을 말하다 ■~訳ではない (동사 · い형용사 보통형, な형용사な에 붙어) ~하는 것은 아니다 〈彼の話を全部信(しん)じている訳ではない 그의 이야기를 모두 믿고 있는 것은 아니다〉 □せきこむ 조급하게 서둘다, 안달하다 □この間 요전, 일전 □平気 아무렇지도 않음, 예사로움 □実に 정말로 □面目がない 면목이 없다 □たしなむ 조심하다, 삼가다 □隔てる 거리를 두다 □~たろう ~이었겠지 〈~ただろう에서 だ가 탈락된 형태〉 □ほんとに 정말로, 참으로 〈ほんとうに가 변한 말로, 회화에서 자주 씀〉 □つまらない 어이없다, 우습다

民子は泣(な)き出(だ)しそうな顔(かお)つきで僕の顔をじいッと視(み)ている。僕もただ話の小口(こぐち)にそういうたまでであるから、民子に泣きそうになられては、かわいそうに気(き)の毒(どく)になって、

「僕は腹(はら)を立(た)って言ったでは無いのに、民さんは腹を立ったの……僕はただ民さんがにわかに変って、逢(あ)っても口もきかず、遊びにも来ないから、いやに淋(さび)しく悲しくなっちまったのさ。それだからこれからも時々は遊びにお出(い)でよ。お母さんに叱られたら僕が咎(とが)を背負(せお)うから……人が何といったってよいじゃないか」

□**泣き出す** 울기 시작하다 〈～出す (동사 ます형에 붙어) ～하기 시작하다〉 □**顔つき** 표정, 안색 □**じいッと** 물끄러미, 가만히 □**小口** 말의 실마리, 단서 ■ **～までだ** (동사 た형에 붙어) ～한 것뿐이다 〈私は聞かれたから答(こた)えたまでだ 나는 물어보기에 대답한 것뿐이다〉 □**気の毒** 딱함, 안됨 □**腹を立つ** 화를 내다 〈원래 바른 표기는 腹が立つ(화가 나다), 腹を立てる(화를 내다)임〉 □**逢う** 만나다 □**咎を背負う** 죄를 뒤집어쓰다

何というても子供だけに無茶(むちゃ)なことをいう。無茶なことをいわれて民子は心配やら嬉しいやら、嬉しいやら心配やら、心配と嬉しいとが胸の中で、ごったになって争(あらそ)うたけれど、とうとう嬉しい方が勝(かち)を占(し)めてしまった。なお三言四言話をするうちに、民子は鮮やかな曇(くも)りのない元(もと)の元気になった。僕ももちろん愉快(ゆかい)が溢(あふ)れる……宇宙間(うちゅうかん)にただ二人(ふたり)きりいるような心持にお互(たがい)になったのである。やがて二人は茄子のもぎくらをする。大きな畑(はたけ)だけれど、十月の半(なかば)過ぎでは、茄子もちらほらしかなっていない。二人でようやく二升(しょう)ばかりずつを採(と)り得(え)た。

□~だけに ~인 만큼 □無茶なことをいう 말도 안 되는 소리를 하다, 터무니없는 소리를 하다 □ごった 여러 가지 것이 어지럽게 뒤섞여 있는 모양, 뒤죽박죽 =ごっちゃ □争う 싸우다, 다투다 □とうとう 결국, 마침내 =ついに □勝を占める 승리를 거두다, 승리를 차지하다 ■~うちに 〈동사 기본형·ている형, い형용사 기본형, な형용사な, 명사の에 붙어〉 ~하는 동안에, ~하기 전에 〈近いうちにお伺いします 가까운 시일 내로 찾아뵙겠습니다〉 □曇り 거리낌, 개운하지 않음 □元 원래 □愉快 유쾌함 □溢れる (흘러)넘치다 □宇宙間 우주 공간 □二人きり 두 사람만, 두 사람뿐 □お互 서로 □~くら (くらべ의 준말로, 동사 ます형에 붙어) ~내기, ~경쟁 □半 중순, 절반 □ちらほら 듬성듬성, 드문드문 =ちらりほらり □ようやく 겨우, 간신히 □~升 ~되 〈한 되는 약 1.8 l〉 □採り得る 딸 수 있다

「まア民さん、御覧なさい、入日(いりひ)の立派(りっぱ)なこと」

民子はいつしか笊(ざる)を下へ置き、両手を鼻の先に合(あわ)せて太陽を拝(おが)んでいる。西の方の空は一体に薄紫(うすむらさき)にぼかしたような色になった。ひた赤く赤いばかりで光線(こうせん)の出ない太陽が今その半分(はんぶん)を山に埋(う)めかけた処(ところ)、僕は民子が一心(いっしん)入日を拝むしおらしい姿が永(なが)く眼(め)に残(のこ)ってる。

二人が余念(よねん)なく話をしながら帰ってくると、背戸口(せどぐち)の四(よ)つ目垣(めがき)*の外にお増がぼんやり立って、こっちを見ている。民子は小声で、

「お増がまた何とかいいますよ」

「二人共(とも)お母さんにいいつかって来たのだから、お増なんか何といったって、かまやしないさ」

□入日 석양 =夕日(ゆうひ) □〜こと 〜어(아)라, 〜구나 〈감동을 나타냄〉 □合せる 모으다, 합치다 □拝む 기도하다, 두 손 모아 빌다 □薄紫 옅은 보라빛 □ぼかす 바림을 하다, 선염을 하다 □ひた 전면, 전체, 전부 □光線 광선 □半分 반, 절반 □埋めかける 묻기 시작하다, 막 묻으려고 하다 □〜たところ 〜한 차, 〜한 바 □一心 지성, 마음을 한 가지 일에만 집중함 □しおらしい 다소곳하다, 얌전하다 □永く 오랫동안, 오래도록 □眼に残る 눈에 선하다 □余念なく 열심히, 여념 없이 =一心(いっしん)に □背戸口 뒷문 =裏口(うらぐち) □ぼんやり 우두커니, 망연히 □かまやしない 상관없다, 개의치 않다 〈かまいはしない의 회화체 표현〉

*** 四つ目垣**
대나무를 드문드문 가로 세로로 얽어짠 대나무 울타리의 하나

一事件(いちじけん)を経(ふ)るたびに二人が胸中(きょうちゅう)に湧いた恋の卵は層(かさ)を増(ま)してくる。機(き)に触(ふ)れて交換(こうかん)する双方(そうほう)の意志(いし)は、直(ただ)ちに互(たがい)の胸中にある例の卵に至大(しだい)な養分(ようぶん)を給与(きゅうよ)する。今日の日暮(ひぐれ)はたしかにその機であった。ぞっと身振(みぶる)いをするほど、著(いちじる)しき徴候(ちょうこう)を現(あらわ)したのである。しかし何というても二人の関係は卵時代(たまごじだい)で、極(きわ)めて取(と)りとめがない。人に見られて見苦(みぐる)しいようなこともせず、顧(かえり)みて自(みずか)ら疚しいようなこともせぬ。従(したが)ってまだまだ暢気(のんき)なもので、人前(ひとまえ)を繕(つくろ)うというような心持は極めて少なかった。僕と民子との関係も、このくらいでお終(しま)いになったならば、十年忘れられないというほどにはならなかっただろうに。

□事件を経る 사건을 겪다 □胸中 가슴속 □層 부피, 덩치 □増す 늘리다, 불리다 □機に触れる 기회가 닿다 □交換する 주고받다, 교환하다 □双方 쌍방 □意志 의지, 생각 □直ちに 금세, 바로 □至大 엄청남, 더 없이 큼 □養分 양분 □給与する 공급하다, 급여하다 □日暮 해질 무렵, 황혼 =夕暮(ゆうぐれ) □ぞっと 추위나 무서움으로 소름이 끼치는 모양, 오싹 □身振いをする 전율을 하다 □著しい 현저하다, 두드러지다 〈著しきは 古語 연체형〉 □徴候 징후 □現す 나타내다 □卵時代 싹 트는 시대 □極めて 지극히, 더없이 □取りとめがない 요령부득이다, 두서가 없다 □見苦しい 꼴사납다, 볼썽사납다 □顧みる 뒤돌아보다, 회상하다 □自ら 스스로, 몸소 □従って 따라서, 그러므로 □まだまだ 아직 더, 더욱 □暢気 태평스러움, 성격이 느긋함 □人前を繕う 체면을 차리다

親というものはどこの親も同じで、吾子(わがこ)をいつまでも子供のように思うている。僕の母などもその一人に漏(も)れない。民子はその後時折(ときおり)僕の書室へやってくるけれど、よほど人目(ひとめ)を計(はか)らって気(き)ぼねを折(お)ってくるような風で、いつきても少しも落着(おちつ)かない。先に僕に厭味(いやみ)をいわれたから仕方なしにくるかとも思われたが、それは間違(まちが)っていた。僕等二人の精神状態は二、三日といわれぬほど著しき変化を遂(と)げている。僕の変化は最も甚(はなは)だしい。三日前には、お母さんが叱れば私が科(とが)を背負(せお)うから遊びにきてとまで無茶(むちゃ)をいうた僕が、今日はとてもそんな訳のものでない。民子が少し長居(ながい)をすると、もう気(き)が咎(とが)めて心配でならなくなった。

□漏れる 벗어나다, 탈락하다 □時折 때때로, 가끔 □やって来る 찾아오다, 오다 □よほど 꽤, 상당히 □人目を計らう 남의 눈을 꺼리다 □気ぼねを折る 마음고생을 하다 □落着く (마음이) 안정되다, 진정하다 □厭味 (상대에게) 불쾌감을 주는 언동, 또는 그로 인한 불쾌감 □~かとも思う ~라고도 생각했더니, ~라고도 싶더니 □間違う 틀리다, 잘못되다 □~といわれぬほど ~라고 할 수 없을 정도 □遂げる 이루다, 달성하다 □甚だしい 심하다, 격심하다 □科を背負う 죄를 뒤집어쓰다 □長居をする 방문한 곳 등에 오랜 시간 머물다 □気が咎める 마음이 켕기다 □~でならない (어떤 감정이나 감각이 자연히 발생하여) ~하여 견딜 수 없다

「民さん、またお出でよ、あまり長くいると人がつまらぬことをいうから」

民子も心持は同じだけれども、僕にもう行けといわれると妙(みょう)にすねだす。

「アレあなたは先日(せんじつ)何といいました。人が何といったッてよいから遊びに来いといいはしませんか。私はもう人に笑われてもかまいませんの」

困(こま)った事になった。二人の関係が密接(みっせつ)するほど、人目を恐(おそ)れてくる。人目を恐れるようになっては、もはや罪悪(ざいあく)を犯(おか)しつつあるかのごとく、心もおどおどするのであった。母は

□妙 묘함, 이상함 □すねる 토라지다, 마음이 비뚤어지다 □先日 요전, 먼저 번 □困る 곤란하다, 난처하다 □密接する 밀접하다 □恐れる 두려워하다, 겁내다 ＝こわがる □罪悪を犯す 죄악을 범하다, 죄를 짓다 □おどおどする 흠칫흠칫하다

口でこそ、男も女も十五、六になれば子供ではないといっても、それは理窟(りくつ)の上のことで、心持ではまだまだ二人をまるで子供のように思っているから、その後民子が僕の室(へや)へきて本を見たり話をしたりしているのを、すぐ前を通(とお)りながら一向気(き)に留(と)める様子もない。この間の小言も実は嫂が言うから出たまでで、ほんとうに腹(はら)から出た小言ではない。母の方はそうであったけれど、兄や嫂やお増などは、盛(さか)んに蔭言(かげごと)をいうて笑っていたらしく、村中の評判(ひょうばん)には、二つも年の多いのを嫁(よめ)にする気かしらんなどともっぱらいうているとの話。それやこれやのことが薄々(うすうす)二人に知(し)れたので、僕から言(い)い出(だ)して当分(とうぶん)二人は遠(とお)ざかる相談(そうだん)をした。

□**～こそ** ～야 말로 □**理窟** (자기 생각을 합리화하려는) 핑계, 구실 □**通る** 지나가다, 통과하다 □**気に留める** 신경을 쓰다, 특히 마음에 두다 □**腹** 마음, 생각 □**盛んに** 왕성하게, 한창 □**陰言をいう** 험담을 하다 =陰口(かげぐち)をいう □**評判** 소문, 평판 □**嫁にする** 며느리로 삼다, 신부로 맞아들이다 □**もっぱら** 온통, 오로지 =ひたすら □**それやこれや** 이런저런 □**知れる** 알려지다 □**薄々** 어렴풋이, 희미하게 □**言い出す** 말을 꺼내다 □**当分** 당분간, 얼마 동안 □**遠ざかる** 멀어지다, (관계가) 소원해지다↔近(ちか)づく 가까워지다 □**相談をする** 의논하다, 상의하다

人間の心持というものは不思議(ふしぎ)なもの。二人が少しも隔意(かくい)なき得心上(とくしんじょう)の相談であったのだけれど、僕の方から言い出したばかりに、民子は妙に鬱(ふさ)ぎ込(こ)んで、まるで元気がなくなり、しょうぜんとしているのである。それを見ると僕もまたたまらなく気の毒になる。感情の一進一退(いっしんいったい)はこんな風にもつれつつ危(あやう)くなるのである。とにかく二人は表面(ひょうめん)だけは立派に遠(とお)ざかって四、五日を経過(けいか)した。

□**不思議** 이상함, 불가사의함 □**隔意なき** 숨김없이, 격의 없이 ＝遠慮(えんりょ)なく □**得心上** 납득한 상황, 납득한 상태 □**～ばかりに** (동사 た형에 붙어) ～탓으로 □**鬱ぎ込む** 우울해지다, 울적해지다 □**まるで** (뒤에 부정어가 와서) 전혀 ＝まったく □**しょうぜん** 풀이 죽어 있는 모습, 마음에 걸리는 것이 있어 생기가 없는 모습 □**たまらない** 견딜 수 없다, 참을 수 없다 □**一進一退** 일진일퇴, 한 발 나아가고 한 발 물러남 □**もつれる** 얽히다 ■**～つつ** (동사 ます형에 붙어) ～하면서 〈夜空(よぞら)を眺(なが)めつつワインを飲んだ 밤하늘을 바라보면서 와인을 마셨다〉 □**危い** 위태롭다, 아슬아슬하다 □**表面** 표면 □**経過する** 경과하다

陰暦(いんれき)の九月十三日、今夜が豆(まめ)の月(つき)だという日の朝、露霜(つゆじも)が降りたと思うほど冷たい。その代(かわ)り天気はきらきらしている。十五日がこの村の祭で明日は宵祭(よいまつり)という訳故(ゆえ)、野(の)らの仕事(しごと)も今日一渡(ひとわた)りきまりをつけねばならぬ所(ところ)から、家中手分(てわ)けをして野へ出ることになった。それで甘露的恩命(かんろてきおんめい)が僕等両人(ふたり)に下(くだ)ったのである。兄夫婦とお増と外(ほか)に男一人とは中稲(なかて)の刈残(かりのこ)りを是非刈(ぜひか)ってしまわねばならぬ。民子は僕を手伝いとして山畑(やまばたけ)の綿(わた)を採(と)ってくることになった。これはもとより母の指図(さしず)で誰(だれ)にも異議(いぎ)はいえない。

「マアあの二人を山の畑へやるッて、親というものはよッぽどお目出(めで)たいものだ」

□**陰暦** 음력 □**豆の月** 콩의 달, 음력 9월 13일 밤을 일컫는 말로, 달에 콩을 바치는 것에서 유래했다고 한다 □**露霜** 이슬과 서리 □**その代り** 그대신 □**きらきらする** 반짝반짝 빛나다 □**宵祭** 축제의 전야제 =よいみや □**故** 까닭, 이유 □**野の仕事** 논밭일, 들일 □**一渡り** 대충, 대강 =一通(ひととお)り □**きまりをつける** (일 · 행동 등의) 마무리를 짓다, 매듭을 짓다 □**～所** ～바 □**手分けをする** 분담을 하다 □**甘露** 중국의 전설에서, 천자가 어진 정치를 베풀면 하늘에서 내린다는 달콤한 이슬 □**恩命** 은총, 고마우신 말씀 〈甘露的恩命 신의 은총〉 □**下る** (윗사람이 아랫사람에게) 내리다, 하달되다 □**中稲** 중도, 제철보다 빨리 여무는 올벼와 늦게 여무는 늦벼의 중간에 열리는 벼 □**刈残り** 베다 남은 것 □**是非** 반드시, 꼭 □**刈る** 베다, 깎다 □**山畑** 산비탈의 밭 □**綿** 목화 □**もとより** 물론, 두말할 것도 없이 □**指図** 지시, 지휘 □**誰にも** 아무도 □**異議** 이의, 다른 의견 □**よッぽど** 참, 어지간히 □**お目出たい** 어리숙하다

奥底(おくそこ)のないお増と意地曲(いじまが)りの嫂とは口を揃(そろ)えてそういったに違いない。僕等二人はもとより心の底では嬉しいに相違(そうい)ないけれど、この場合二人で山畑へゆくとなっては、人に顔を見られるような気がして大(おお)いにきまりが悪い。義理(ぎり)にも進(すす)んで行きたがるような素振(そぶ)りはできない。僕は朝飯前(あさめしまえ)は書室を出ない。民子も何かぐずぐずして支度(したく)もせぬ様子。もう嬉しがってといわれるのが口惜(くや)しいのである。母は起きてきて、

「政夫も支度しろ。民やもさっさと支度して早く行け。二人でゆけば一日には楽(らく)な仕事だけれど、道が遠いのだから、早く行かないと帰りが夜になる。なるたけ日の暮(く)れないうちに帰ってくるようによ。お増は二人の弁当(べんとう)を拵(こしら)えてやってくれ。お菜(さい)はこれこれの物で……」

□**奥底** 속마음, 깊은 곳〈奥底のない 속마음이 깊지 못한〉 □**意地曲り** 심술궂음 □**口を揃える** 입을 모으다 □**心の底** 마음속 □**大いに** 아주, 대단히, 크게 □**義理にも** 체면상으로도, 헛말로도 □**進んで** 자진해서, 적극적으로 □**素振り** 기색, 기미 □**ぐずぐずする** 꾸물꾸물하다, 우물쭈물하다 □**支度** 준비, 채비 □**楽** 수월함, 편함 □**なるたけ** 될 수 있으면, 되도록, 가능한 한 □**暮れる** 해가 지다, 저물다 □**弁当** 도시락 □**拵える** 만들다, 마련하다, 준비하다 □**お菜** 반찬 =おかず

まことに親のこころだ。民子に弁当を拵えさせては、自分のであるから、お菜などはロクな物を持って行かないと気がついて、ちゃんとお増に命(めい)じて拵えさせたのである。僕はズボン下に足袋(たび)裸足(はだし)麦藁帽(むぎわらぼう)という出(い)で立(だ)ち、民子は手指(てさし)をはいて股引(ももひき)もはいてゆけと母がいうと、手指ばかりはいて股引はくのにぐずぐずしている。民子は僕のところへきて、股引はかないでもよいようにお母さんにそういってくれという。僕は民さんがそういいなさいという。押(お)し問答(もんどう)をしているうちに、母は聞(き)きつけて笑いながら、

「民やは町場者(まちばもの)だから、股引はくのはきまりが悪いかい。私はまたお前が柔(やわら)かい手足へ、茨(いばら)や薄(すすき)で傷(きず)をつけるが可哀相(かわいそう)だから、そういったんだが、いやだというならお前の好(す)きにするがよいさ」

□ロク (흔히 뒤에 부정 표현이 와서) 변변함, 제대로임 □ちゃんと 확실하게, 틀림없이 □命じる 명령하다 ＝命(めい)ずる □足袋裸足 (일본식) 버선발, 버선발로 돌아다님 □麦藁帽 밀집모자 □出で立ち 옷차림, 복장 □手指 토시, 일할 때 끼는 손등을 감싸는 작업용 토시 □はく (하의나 양말 등을) 끼다, 입다 □股引 타이츠 비슷한 바지 모양의 남성용 의복 □押し問答をする 입씨름을 하다, 승강이하다 □聞きつける 얻어 듣다, 우연히 들어서 알다 □町場者 도시 사람, 도시 출신 □～かい ～냐?, ～니? 〈친근하게 물을 때 씀〉 □茨 가시나무, 식물의 가시 ＝とげ □薄 참억새 □傷をつける 상처를 내다 □好きにする 좋을 대로 하다

それで民子は、例の襷(たすき)に前掛姿(まえかけすがた)で麻裏草履(あさうらぞうり)という支度。二人が一斗笊(いっとざる)一個(ひとつ)ずつを持ち、僕が別(べつ)に番(ばん)ニョ片籠(かたかご)と天秤(てんびん)とを肩(かた)にして出掛(でか)ける。民子が後から菅笠(すげがさ)を被(かむ)って出ると、母が笑声(わらいごえ)で呼(よ)びかける。

「民や、お前が菅笠を被って歩くと、ちょうど木(き)の子(こ)が歩くようで見(み)っともない。編笠(あみがさ)がよかろう。新(あた)らしいのが一つあったはずだ」

稲刈連(いねかりれん)は出てしまって別に笑うものもなかったけれど、民子はあわてて菅笠を脱いで、顔を赤くしたらしかった。今度は編笠を被らずに手に持って、それじゃお母さんいってまいりますと挨拶(あいさつ)して走って出た。

□前掛姿 앞치마 차림 □麻裏草履 안감으로 삼베를 댄 일본식 짚신 □～斗 ～말〈한 말은 약 1.8ℓ〉 □別に 따로, 별도로 □番ニョ片籠 등에 짊어지는 바구니 □天秤 천칭 □肩にする 어깨에 메다 □菅笠 사초 잎으로 짠 삿갓 □被る (모자 등을) 쓰다 ＝被(かぶ)る □笑声 웃음소리 □呼びかける 말을 걸어 상대의 주의를 이쪽으로 향하게 하다, 부르다, 호소하다 □ちょうど 꼭, 마침 □木の子 버섯 □見っともない 보기 흉하다, 꼴불견이다 □編笠 짚으로 짠 삿갓〈사초삿갓보다 깊고, 챙이 좁다〉 □～たはずだ 틀림없이 ～일 것이다〈강한 확신을 나타냄〉 □稲刈 벼 베기 □～連 ～팀, ～패거리 □あわてる 당황하다, 허둥거리다, 몹시 서두르다

村のものらもかれこれいうと聞いてるので、二人揃(そろ)うてゆくも人前恥かしく、急いで村を通り抜けようとの考えから、僕は一足(ひとあし)先になって出掛ける。村(むら)はずれの坂(さか)の降口(おりくち)の大きな銀(い)杏(ちょう)の樹(き)の根(ね)で民子の来るのを待った。ここから見(み)おろすと少しの田圃(たんぼ)がある。色よく黄(き)ばんだ晩稲(おくて)に露(つゆ)をおんで、シットリと打伏(うちふ)した光景(こうけい)は、気のせいか殊(こと)に清々(すがすが)しく、胸(むね)のすくような眺(なが)めである。民子はいつの間にか来ていて、昨日の雨で洗(あら)い流(なが)した赤土(あかつち)の上に、二葉(ふたは)三葉(みは)銀杏の葉の落ちるのを拾(ひろ)っている。

「民さん、もう来たかい。この天気のよいことどうです。ほんとに心持のよい朝だね」

「ほんとに天気がよくて嬉しいわ。このまア銀杏の葉の綺(き)麗(れい)なこと。さア出掛けましょう」

□揃う 가지런하다, 빠짐없이 모이다 □一足 한 걸음, 한 발짝 □村はずれ 마을 외곽, 변두리 □坂 언덕 □降口 내리막이 시작되는 언저리 □銀杏の樹 은행나무 〈銀杏(ぎんなん) 은행〉 □根 밑둥치, 밑동 □見おろす 내려다보다 □田圃 논 ＝でんぼ □黄ばむ 노란빛을 띠다, 노래지다 □晩稲 늦벼 □おぶ (어떤 성질을) 머금다, 띠다 ＝おびる □シットリ(と) 촉촉하게, 함초롬히 □打伏す 엎드리다 □光景 광경 □~のせいか ~탓인지 □殊に 특히, 아주 □清々しい 상쾌하다, 개운하다 □胸がすく 가슴이 후련해지다 □眺め 경치, 전망 □洗い流す 씻어 내려 보내다, 떠내려 보내다 □赤土 붉은 흙, 적토 □拾う 줍다, 습득하다↔捨(す)てる 버리다

民子の美しい手で持ってると銀杏の葉も殊に綺麗に見える。二人は坂を降りてようやく窮屈(きゅうくつ)な場所から広場(ひろば)へ出た気になった。今日は大(おお)いそぎで綿を採(と)り片付(かたづ)け、さんざん面白いことをして遊ぼうなどと相談しながら歩く。道の真中(まんなか)は乾(かわ)いているが、両側の田(た)についている所は、露にしとしとに濡(ぬ)れて、いろいろの草が花(はな)を開(ひら)いてる。タウコギは末枯(うらが)れて、水蕎麦蓼(みずそばたで)など一番多く繁(しげ)っている。都草(みやこぐさ)も黄色く花が見える。野菊がよろよろと咲いている。民さんこれ野菊がと僕は吾知(われし)らず足(あし)を留(と)めたけれど、民子は聞えないのかさっさと先へゆく。僕はちょっと脇(わき)へ物を置いて、野菊の花を一握(ひとにぎ)り採った。

□窮屈 답답하고 거북함 □広場 광장 □大いそぎ 빨리 서두름, 급히 서두름 □採り片付ける 치우다, 처리하다 □さんざん 실컷, 마음껏 ＝さんざ □乾く 마르다, 건조하다 □田 논 □しとしとに 습기를 띠는 모양, 촉촉이 □濡れる 젖다 □花を開く 꽃이 피다 □タウコギ 가막사리 〈국화과의 일년초로 가을에 노란 꽃을 피움〉 □末枯れる (추위로) 초목의 끝이 말라붙다 □水蕎麦 고마리 〈여뀌과의 일년초로, 가지 끝에 연홍색의 작은 꽃이 핌〉 □蓼 여뀌과의 식물의 총칭 □繁る 우거지다, 무성해지다 □都草 벌노랑이 □よろよろ(と) 한들한들 □吾知らず 나도 모르게, 무의식 중에 □足を留める 발길을 멈추다 □脇 곁, 옆 □一握り 한 줌

民子は一町(いっちょう)ほど先へ行ってから、気がついて振(ふ)り返(かえ)るや否(いな)や、あれッと叫(さけ)んで駆(か)け戻(もど)ってきた。

「民さんはそんなに戻ってきないッだって僕が行くものを……」

「まア政夫さんは何をしていたの。私びッくりして……まア綺麗な野菊、政夫さん、私に半分おくれッたら、私ほんとうに野菊が好き」

「僕はもとから野菊がだい好き。民さんも野菊が好き……」

「私なんでも野菊の生(う)まれ返(かえ)りよ。野菊の花を見ると身振(みぶる)いの出るほど好(この)もしいの。どうしてこんなかと、自分でも思うくらい」

「民さんはそんなに野菊が好き……道理(どうり)でどうやら民さんは野菊のような人だ」

□～町 ～정〈거리를 나타내는 단위로, 丁이라고도 하며, 1정은 약 109m임〉 □振り返る 뒤돌아보다, 회고하다 ■～や否や (동사 기본형에 붙어) ～하자마자, ～하기가 무섭게〈彼のアルバムは発売(はつばい)されるや否や大ヒットを記録(きろく)した 그의 앨범은 발매되자마자 대히트를 기록했다〉 □叫ぶ 소리치다, 외치다 □駆け戻る 뛰어서 돌아오다 □～っだって ～라고 해도〈～といっだっての 변한말〉 □～ものを ～텐데, ～것을〈불만이나 애석한 마음이 섞인 영탄을 나타냄〉 □びっくりする 깜짝 놀라다 □なんでも 아무래도, 어쩌면 ＝どうやら □生まれ返り 환생, 다시 태어남 □好もしい 좋다, 호감이 가다↔うとましい 싫다 □道理で 어쩐지, 과연 □どうやら 어쩐지, 아무래도

民子は分(わ)けてやった半分の野菊を顔に押(お)しあてて嬉しがった。二人は歩き出す。

「政夫さん……私野菊のようだってどうしてですか」

「さアどうしてということはないけど、民さんは何(なに)がなし野菊のような風だからさ」

「それで政夫さんは野菊が好きだって……」

「僕大好きさ」

民子はこれからはあなたが先になってといいながら、自らは後になった。今の偶然(ぐうぜん)に起った簡単な問答(もんどう)は、お互の胸に強く有意味(ゆういみ)に感じた。民子もそう思った事はその素振りで解(わか)る。ここまで話が迫(せま)ると、もうその先を言い出すことはできない。話はちょっと途切(とぎ)れてしまった。

□分ける 나누다, 가르다　□押しあてる 바싹 대다　□～って ~라는 것은 =というのは　□何がなし 왠지 모르게, 어쩐지 =なんとなく　□～だって ~라는 거야? 〈상대의 말에 대해 반론하는 경우에 씀〉　□偶然に 우연히, 뜻밖에　□問答 질문과 대답, 문답　□有意味 의미 있음　□迫る (간격 · 폭이) 좁아지다　□途切れる 중도에서 끊기다, 중단되다

何(なん)と言(い)っても幼い両人は、今罪(つみ)の神(かみ)に翻弄(ほんろう)せられつつあるのであれど、野菊のような人だといった詞(ことば)について、その野菊を僕はだい好きだといった時すら、僕は既(すで)に胸に動悸(どうき)を起したくらいで、すぐにそれ以上を言い出すほどに、まだまだずうずうしくはなっていない。民子も同じこと、物に突(つ)き当(あた)ったような心持で強くお互に感じた時に声はつまってしまったのだ。二人はしばらく無言(むごん)で歩く。

まことに民子は野菊のような子であった。民子は全くの田舎風(いなかふう)ではあったが、決して粗野(そや)ではなかった。可憐(かれん)で優(やさ)しくてそうして品格(ひんかく)もあった。厭味(いやみ)とか憎気とかいう所は爪(つめ)の垢(あか)ほどもなかった。どう見ても野菊の風だった。

□何と言っても 뭐니뭐니 해도　□罪の神 죄악의 신　□翻弄する 농락하다　□～について ～에 이어서, ～에 뒤이어　□～すら ～조차 ＝さえ　□既に 이미, 벌써　□動悸 가슴이 곤두박질 침, 심장이 두근거림　□ずうずうしい 뻔뻔하다　□突き当る 부딪치다, 충돌하다　□つまる 잠기다, 막히다, 메다　□無言 말이 없음, 무언　□田舎風 촌스러움, 시골풍　□粗野 천박함, 거칠고 세련되지 않음　□可憐 가련함　□品格 품위, 품격　□爪の垢 손톱의 때

しばらくは黙(だま)っていたけれど、いつまで話もしないでいるはなおおかしいように思って、無理と話を考(かんが)え出(だ)す。

「民さんはさっき何を考えてあんなに脇見(わきみ)もしないで歩いていたの」

「わたし何も考えていやしません」

「民さんはそりゃ嘘(うそ)だよ。何か考(かんが)え事(ごと)でもしなくてあんな風をする訳はないさ。どんなことを考えていたのか知らないけれど、隠さないだってよいじゃないか」

「政夫さん、済(す)まない。私さっきほんとに考え事していました。私つくづく考えて情(なさ)けなくなったの。わたしはどうして政夫さんよか年が多いんでしょう。私は十七だと言うんだもの、ほんとに情けなくなるわ……」

□**黙る** 묵묵히 있다, 말없이 있다 □**なお** 더욱, 한층 □**考え出す** 생각해 내다, 궁리해 내다 □**さっき** 아까, 조금 전 ＝さきほど □**脇見** 한눈 팔기, 곁눈질 ＝脇目(わきめ) 〈脇見をする 한눈 팔다〉 □**考え事** 이런저런 생각, 궁리 □**済まない** 미안하다 □**つくづく** 곰곰이, 골똘히 ＝よくよく □**情けない** 비참하다, 한심하다

「民さんは何のこと言うんだろう。先に生れたから年が多い、十七年育(そだ)ったから十七になったのじゃないか。十七だから何で情けないのですか。僕だって、さ来年になれば十七歳さ。民さんはほんとに妙なことをいう人だ」

僕も今民子が言ったことの心を解(かい)せぬほど子供でもない。解ってはいるけど、わざと戯(たわむ)れのように聞きなして、振りかえって見ると、民子は真に考(かんが)え込(こ)んでいるようであったが、僕と顔合(かおあ)わせてきまりわるげににわかに側(わき)を向(む)いた。

こうなってくると何をいうても、すぐそこへ持ってくるので話がゆきつまってしまう。二人の内(うち)でどちらか一人が、

□**育つ** 자라다, 성장하다 □**解する** (생각하여) 풀다, 알다, 이해하다 □**わざと** 일부러 □**戯れ** 장난, 희롱 □**聞きなす** 듣고 그렇게 생각하다, 그렇게 알고 듣다 □**考え込む** 생각에 잠기다, 골똘히 생각하다 □**顔合わせる** 얼굴을 마주하다, 대하다 □**〜げに** (동사 ます형, い형용사 · な형용사 어간에 붙어) 〜기미 □**側を向く** 외면하다, 엉뚱한 곳을 향하다 □**ゆきつまる** (앞이) 막히다, 막다르다

すこうしほんの僅(わず)かにでも押(お)しが強(つよ)ければ、こんなに話がゆきつまるのではない。お互に心持は奥底まで解っているのだから、吉野紙(よしのがみ)*を突破(つきやぶ)るほどにも力がありさえすれば、話の一歩を進(すす)めてお互に明(あ)け放(はな)してしまうことができるのである。しかしながら真底(しんそこ)からおぼこな二人はその吉野紙を破(やぶ)るほどの押しがないのである。またここで話の皮(かわ)を切(き)ってしまわねばならぬというような、ハッキリした意識(いしき)ももちろんないのだ。言(い)わばまだ取止(とりと)めのない卵的(らんてき)の恋であるから、少(すこ)しく心の力が必要な所へくると話がゆきつまってしまうのである。

□すこうし 조금 〈すこしの 힘줌말〉 □ほんの 진짜, 정말 □僅か 조금, 약간 □押しが強い 뻔뻔스럽다, 억지(떼)가 심하다 □突破る 찔러서 찢다, 돌파하다 □進める 전진하다, 나아가다 □明け放す (창이나 문 등을) 활짝 열어젖히다, 개방하다 =あけはなつ □しかしながら 그렇지만 □真底 마음속, 맨 밑바닥 □おぼこ 순진함, 아직 세상에 적응하지 못한 것, 또는 그런 사람 □破る 찢다 □意識 의식 □言わば 말하자면, 이를테면 □卵的 새싹 단계, 초보적 □少しく 조금, 약간

* **吉野紙** 奈良(なら)현의 吉野(よしの)에서 생산되는 닥종이로, 매우 얇고 부드럽다.

お互に自分で話(はな)し出(だ)しては自分がきまりわるくなるようなことを繰返(くかえ)しつつ幾町(いくちょう)かの道を歩いた。詞数(ことばかず)こそ少なけれ、その詞の奥(おく)には二人共(とも)に無量(むりょう)の思いを包(つつ)んで、きまりが悪い感情の中には何とも言えない深(ふか)き愉快(ゆかい)を湛(たた)えている。それでいわゆる足(あし)も空(そら)に、いつしか田圃も通(とお)りこし、山路(やまじ)へ入った。今度は民子が心を取(と)り直(なお)したらしく鮮かな声で、

「政夫さん、もう半分道(みち)来ましてしょうか。大長柵(おおながさく)へは一里に遠いッていいましたねイ」

「そうです、一里半には近いそうだが、もう半分の余(よ)来ましたろうよ。少し休みましょうか」

「わたし休まなくとも、ようございますが、早速(さっそく)お母さんの罰(ばち)があたって、薄(すすき)の葉でこんなに手を切りました、ちょいとこれで結(ゆ)わえて下さいな」

□**話し出す** 이야기를 꺼내다　□**繰返す** 되풀이하다, 반복하다　□**詞数** 말수　□**奥** 깊숙한 곳, 깊은 안쪽　□**共に** 함께, 같이　□**無量** 헤아릴 수 없이 많음　□**包む** (감정 등을) 감추다, 품다　□**深い** 깊다 〈深き는 古語 연체형〉　□**いわゆる** 이른바, 소위　□**足も空** 발이 땅에 닿지 않을 만큼 몹시 허둥댐, 기쁨에 들떠 있음　□**通りこす** 지나다, 지나서 통과하다　□**山路** 산길 =山道(やまみち)　□**取り直す** (기분이나 마음을) 추스르다, 새로이 하다　□**大長柵** 사이토 가문이 소유한 산림이나 밭이 있는 곳의 지명　□**ようございます** 괜찮습니다, 좋습니다　□**罰があたる** 벌을 받다　□**ちょいと** 조금, 잠깐 =ちょっと　□**結わえる** 묶다, 메다 =結(むす)ぶ

親指(おやゆび)の中ほどで疵は少しだが、血が意外(いがい)に出た。僕は早速紙を裂(さ)いて結わえてやる。民子が両手を赤くしているのを見た時非常にかわいそうであった。こんな山の中で休むより、畑へいってから休もうというので、今度は民子を先に僕が後になって急ぐ。八時少し過ぎと思う時分に大長柵の畑へ着いた。

十年ばかり前に親父(おやじ)がまだ達者(たっしゃ)な時分、隣村(となりむら)の親戚(しんせき)から頼(たの)まれて余儀(よぎ)なく買ったのだそうで、畑が八反(たん)と山林(さんりん)が二町(ちょう)ほどここにあるのである。この辺一帯(いったい)に高台(たかだい)は皆山林でその間の柵(さく)が畑になっている。越石(こしこく)*を持っているといえば、世間体(せけんてい)はよいけど、手間(てま)ばかり掛(かか)って割(わり)に合(あ)わないといつも母が言ってる畑だ。

□ **親指** 엄지손가락 □ **意外に** 의외로, 뜻밖에 □ **裂く** 찢다, 쪼개다 □ **親父** (성인 남자가 무간한 자리에서 자기 아버지를 일컫는 말) 아버지, 부친 □ **達者** 몸이 건강하고 튼튼함 □ **隣村** 이웃 마을 □ **親戚** 친척 □ **余儀なく** 어쩔 수 없이, 부득이하게 □ **〜反** 토지의 면적을 나타내는 단위로, 1단은 약 991.7㎢ □ **山林** 산림 □ **〜町** 〜정 〈토지의 면적을 나타내는 단위로, 1정은 약 3천 평, 약 0.99헥타르임〉 □ **一帯** 일대 □ **高台** 고지대, 주위보다 약간 높은 평지 □ **柵** 목책, 울타리 □ **世間体** 세상에 대한 체면 □ **手間** 품, 수고 〈**手間が掛(かか)る** (시간 · 비용 등이) 들다〉 □ **割に合わない** 수지가 맞지 않다

* **越石** 세금으로 내야할 곡식의 양이 모자랄 경우, 이웃 마을에서 부족한 곡식을 빌려 주는데, 이때 빌려 주는 마을 쪽에서 그 곡식을 가리켜 이르던 말

三方(さんぼう)林で囲(かこ)まれ、南が開いて余所(よそ)の畑とつづいている。北が高く南が低い傾斜(けいしゃ)になっている。母の推察通(すいさつどお)り、綿は末(すえ)にはなっているが、風が吹いたら溢(あふ)れるかと思うほど綿はえんでいる。点々(てんてん)として畑中(はたけじゅう)白くなっているその綿に朝日(あさひ)がさしているとまぶしいように綺麗だ。

「まアよくえんでること。今日採りにきてよい事しました」

民子は女だけに、綿の綺麗にえんでるのを見て嬉しそうにそういった。畑の真中(まんなか)ほどに桐(きり)の樹(き)が二本繁っている。葉が落(お)ちかけているけれど、十月の熱を凌(しの)ぐには十分だ。ここへあたりの黍殻(きびがら)を寄(よ)せて二人が陣(じん)どる。弁当包(べんとうづつ)みを枝へ釣(つ)る。

□三方 삼면 □囲む 둘러싸다, 에워싸다 □余所 남의 집, 남, 다른 곳 □傾斜 경사 □推察 짐작 □~通り (동사 기본형 · た형, 명사の+とおり | 명사+どおり) ~대로 □末 (어느 기간의) 끝물, 마지막 □えむ 꽃봉오리가 벌어지다, 꽃이 피다 □点々(と) 여기저기 흩어져 있는 모양 □朝日がさす 아침 햇살이 비치다 □桐の樹 오동나무 □落ちかける (꽃 등이) 지기 시작하다 □凌ぐ 참다, 견디어 내다, 막아서 견디다 □黍殻 수수깡 □寄せる 한데 모으다 □陣どる 자리 잡다, 장소를 점거하다 □弁当包み 도시락 꾸러미 □釣る 매달다, 매다

天気のよいのに山路を急いだから、汗(あせ)ばんで熱(あつ)い。着物を一枚ずつ脱ぐ。風を懐(ふところ)へ入れ足(あし)を展(の)ばして休む。青(あお)ぎった空に翠(みどり)の松林(まつばやし)、百舌(もず)もどこかで鳴いている。声の響(ひび)くほど山は静かなのだ。天(てん)と地(ち)との間で広い畑の真ン中に二人が話をしているのである。

「ほんとに民子さん、きょうというきょうは極楽(ごくらく)のような日ですねイ」

顔から頸(くび)から汗(あせ)を拭(ふ)いた後(あと)のつやつやしさ、今更に民子の横顔を見た。

「そうですねイ、わたし何だか夢のような気がするの。今朝家(うち)を出る時はほんとにきまりが悪くて……嫂(ねえ)さんには変な眼(め)つきで視(み)られる、お増には冷(ひや)かされる、私はのぼせてしまいました。政夫さんは平気でいるから憎(にく)らしかったわ」

□汗ばむ 땀이 나다, 땀이 배다 〈～ばむ (체언 등에 붙어) ～한 상태를 띠다〉 □熱い 덥다, 따갑다 〈원래는 暑(あつ)い라고 표기되는 것이 옳으나, 땀이 밴 옷이 햇볕을 받아 뜨거워진 상태를 표현하려는 의도로 보여짐〉 □懐 옷의 안쪽, 품 □足を展す 발을 뻗다 □青ぎる 푸른 기가 돌다 □翠 녹색 □松林 소나무 숲, 솔밭 □百舌 물까치 □響く 울리다, 울려 퍼지다 □天と地 하늘과 땅 □きょうというきょう 오늘만큼 □極楽 천국 ↔ 地獄(じごく) 지옥 □頸 목 □汗を拭く 땀을 닦다 □つやつやしさ 윤기, 반질반질함 □眼つき 눈초리 □のぼせる 울컥하다, 얼굴이 벌게지다 □憎らしい 얄밉다, 밉살스럽다

「僕だって平気なもんですか。村の奴（やつ）らに逢うのがいやだから、僕は一足先に出て銀杏の下で民さんを待っていたんでさア。それはそうと、民さん、今日はほんとに面白く遊ぼうね。僕は来月は学校へ行くんだし、今月とて十五日しかないし、二人でしみじみ話のできるようなことはこれから先はむずかしい。あわれッぽいことというようだけど、二人の中も今日だけかしらと思うのよ。ねイ民さん……」

「そりゃア政夫さん、私は道々（みちみち）それればかり考えて来ました。私がさっきほんとに情けなくなってと言ったら、政夫さんは笑っておしまいなしたけど……」

□ **～もんですか** ～할까 보냐, ～할 것 같으냐 ＝ものですか 〈강한 부정을 나타냄〉 □ **それはそうと** 그건 그렇다치고 □ **～とて** ～이래야, ～한들 〈어떤 조건이 정당한 이유로서 성립하지 않거나, 예상에 어긋나는 결과를 가져오는 경우에 씀〉 □ **しみじみ** 조용하고 차분한 모양, 차분히 □ **あわれッぽい** 청승맞다, 가련하다 □ **道々** 길을 가면서, 가는 도중에 ＝みちすがら □ **おしまいなす** 의식적으로 그렇게 하다 〈お+しまう의 ます형+なす(하다, 행하다)〉

面白く遊ぼう遊ぼう言うても、話を始めるとすぐにこうなってしまう。民子は涙を拭(ぬぐ)うたようであった。ちょうどよくそこへ馬が見えてきた。西側の山路から、がさがさ笹(ささ)にさわる音(おと)がして、薪(たきぎ)をつけた馬を引(ひ)いて頬冠(ほおかむり)の男が出て来た。よく見ると意外にも村の常吉(つねきち)である。この奴はいつか向うのお浜に民子を遊びに連(つ)れ出(だ)してくれとしきりに頼んだという奴だ。いやな野郎(やろう)がきやがったなと思うていると、

「や政夫さん、コンチャどうも結構(けっこう)なお天気ですな。今日は御夫婦で綿採(わたと)りかな。洒(しゃ)落れてますね。アハハハハハ」

「オウ常さん、今日は駄賃(だちん)かな。大変早く御精(ごせい)が出(で)ますね」

「ハア吾々(われわれ)なんざア駄賃取(だちんと)りでもしてたまに一盃(いっぱい)やるより外に楽しみもないんですからな。民子さん、いやに見(み)せつけますね。あんまり罪(つみ)ですぜ。アハハハハハ」

□拭う 닦다, 훔치다　□がさがさ 버스럭버스럭, 부스럭부스럭　□笹 조릿대　□さわる 스치다, 접촉하다　□音がする 소리가 나다　□薪 장작, 땔감 ＝まき　□つける (짐 등을) 싣다　□引く 끌다, 잡아당기다　□頬冠 (옷이나 수건 등으로) 머리에서 볼에 걸쳐 얼굴이 가려지도록 감쌈 ＝ほおかぶり　□連れ出す 데리고 나오다　□野郎 놈, 녀석　□～やがる (동사 ます형에 붙어) 경멸 · 증오 · 조롱 등의 감정을 담아 상대의 동작을 얍잡아 이르는 뜻을 나타냄 〈食(く)いやがる 처먹다〉　□コンチャ 안녕 ＝こんにちは　□結構 좋음, 훌륭함　□綿採り 목화 따기　□洒落れる 멋있다, 세련되다　□駄賃 간단한 수고에 대한 품삯 〈여기서는 그 일을 말함〉　□精が出る 열심히 일하다　□吾々 우리　□～なんざ 불확실한 사물을 가리킴, ～같은 거 ＝なんぞ・なんか　□駄賃取り 심부름 삯 받기　□一盃やる 한잔 하다　□いやに 이상하게, 묘하게　□見せつける 일부러 보이다, 보란 듯이 자랑스레 보이다　□罪 심함, 무자비함　□～ぜ ～이야, ～테다 〈문장 끝에 붙어 주로 남성 회화에 쓰는 거친 표현〉

この野郎失敬なと思ったけれど、吾々もあまり威張れる身でもなし、笑いとぼけて常吉をやり過ごした。

「馬鹿野郎、実に厭なやつだ。さア民さん、始めましょう。ほんとに民さん、元気をお直しよ。そんなにくよくよおしでないよ。僕は学校へ行ったて千葉だもの、盆正月の外にも来ようと思えば土曜の晩かけて日曜に来られるさ……」

「ほんとに済みません、泣面などして。あの常さんて男、何といういやな人でしょう」

民子は襷掛け僕はシャツに肩を脱いで一心に採って三時間ばかりの間に七分通り片づけてしまった。もう後はわけがないから弁当にしようということにして桐の蔭に戻る。僕はかねて用意の水筒を持って、

□失敬 무례함, 예의 없음 □威張る 으스대다, 뽐내다 □身 처지, 입장 □笑いとぼける 웃어넘기다 □やり過ごす 보내다, 지나가게 내버려 두다 □元気を直す 다시 힘을 내다 □くよくよ 사소한 일을 한없이 걱정하여 고민하는 모양, 끙끙 □おしでない 하지 않다 〈お+する의 ます형+でない〉 □~たて ~해도 =~といっても □盆正月 오본(우란분재)과 설 □泣面 우는 얼굴, 울상 □~て ~이라는 =~という □襷掛け 어깨끈을 한 차림 □肩を脱ぐ 어깨를 걷다 □~分 ~할 □~通り ~정도, ~쯤 □片づける 처리하다, 정리하다 □わけがない 문제없다, 간단하다 □蔭 그늘, 응달 □かねて 미리, 전부터 □用意 준비, 채비 □水筒 물통

「民さん、僕は水(みず)を汲(く)んで来ますから、留守番(るすばん)を頼みます。帰りに『えびづる』や『あけび』をうんと土産(みやげ)に採って来ます」

「私は一人でいるのはいやだ。政夫さん、いっしょに連(つ)れてって下さい。さっきのような人にでも来られたら大変ですもの」

「だって民さん、向うの山を一つ越(こ)して先(さき)ですよ、清水(しみず)のある所は。道というような道もなくて、それこそ茨や薄で足が疵だらけになりますよ。水がなくちゃ弁当が食べられないから、困ったなア、民さん、待っていられるでしょう」

「政夫さん、後生(ごしょう)だから連れて行って下さい。あなたが歩ける道なら私にも歩けます。一人でここにいるのはわたしゃどうしても……」

□ **水を汲む** 물을 긷다 □ **留守番** 망을 봄, 빈집을 지켜 주거나 또는 그런 사람 □ **えびづる** 까마귀머루 □ **あけび** 으름덩굴 □ **うんと** 분량이 많거나 정도가 심한 모양, 이만큼, 훨씬 □ **土産** 선물 □ **連れていく** 데리고 가다 □ **だって** 그런데, 하지만 ＝でも □ **越す** 넘다, 건너다 □ **先** 끝, 전방, 멀리 떨어진 곳 □ **清水** 맑은 샘물 □ **疵だらけ** 상처투성이 〈명사+だらけ ~투성이〉 □ **後生だから** (남에게 애원할 때 쓰는 말) 제발

「民さんは山へ来たら大変だだッ児(こ)になりましたネー。それじゃいっしょに行きましょう」

弁当は綿の中へ隠し、着物はてんでに着てしまって出掛(でか)ける。民子はしきりに、にこにこしている。端(はた)から見たならば、馬鹿馬鹿(ばかばか)しくも見苦しくもあろうけれど、本人同志(ほんにんどうし)の身にとっては、そのらちもなき押(お)し問答の内にも限(かぎ)りなき嬉(うれ)しみを感ずるのである。高くもないけど道のない所をゆくのであるから、笹原(ささはら)を押分(おしわ)け樹の根につかまり、崖(がけ)を攀(よ)ずる。しばしば民子の手を取って曳(ひ)いてやる。

□だだッ児 떼쟁이, 응석받이 □てんでに 각자, 제각기 □端 옆, 곁 =そば □馬鹿馬鹿しい 어처구니없다, 터무니없다 □本人同士 당사자들끼리 □らちもない 두서가 없어 종잡을 수 없다, 횡설수설하다 〈らちもなきは 古語 연체형〉 □限りない 끝없다, 한없다 〈限りなきは 古語 연체형〉 □嬉しみ 기쁨 □笹原 조릿대 밭 □押分ける 헤치다, 밀어제치다 □つかまる 꼭 붙잡고 매달리다 □攀ずる 기어오르다 =よじのぼる □曳いてやる 끌어 주다

近く二、三日以来の二人の感情では、民子が求(もと)めるならば僕はどんなことでも拒(こば)まれない、また僕が求めるならやはりどんなことでも民子は決して拒みはしない。そういう間柄(あいだがら)でありつつも、飽(あ)くまで臆病(おくびょう)に飽(あ)くまで気の小さな両人は、かつて一度も有意味に手などを取ったことはなかった。しかるに今日は偶然の事からしばしば手を取り合うに至(いた)った。このへんの一種(いっしゅ)いうべからざる愉快な感情は経験ある人にして初(はじ)めて語(かた)ることができる。

「民さん、ここまで来れば、清水はあすこに見えます。これから僕が一人で行ってくるからここに待っていなさい。僕が見えていたらおられるでしょう」

「ほんとに政夫さんの御厄介(ごやっかい)ですね……そんなにだだを言っては済まないから、ここで待ちましょう。あらア野葡萄(えびづる)があった」

□求める 원하다, 바라다 □拒む 거절하다 □間柄 (사람 사이의) 관계, 사이 ■～つつも (동사 ます형에 붙어 역접을 나타냄) ～하면서도, ～이면서도 〈迷惑メールと知りつつも思わず開いてみた 스팸메일이라고 알면서도 엉겁결에 열어 보았다〉 □飽くまで 철저히, 어디까지나 □臆病 겁쟁이 □気が小さい 소심하다 □かつて 일찍이, 이전에 □しかるに 그런데, 그런데도 □～に至る ～에 이르다 □このへん 이 정도, 이쯤 □一種 일종 ■～べからざる (동사 기본형에 붙어) ～할 수 없는, ～해서는 안 되는 〈あり得べからざる事件が起こった 있을 수 없는 사건이 발생했다〉 □～にして ～이면서, ～이자 □初めて 비로소 □語る 말하다, 이야기하다 □あすこ 저기 ＝あそこ □御厄介 애물단지, 성가신 존재

僕は水を汲んでの帰りに、水筒は腰(こし)に結(ゆわ)いつけ、あたりを少しばかり探(さぐ)って、『あけび』四、五十と野葡萄一(ひと)もくさを採り、竜胆(りんどう)の花の美しいのを五、六本見(み)つけて帰ってきた。帰りは下(くだ)りだから無造作(むぞうさ)に二人で降りる。畑へ出口で僕は春蘭(しゅんらん)の大きいのを見つけた。

「民さん、僕はちょっと『アックリ』を掘(ほ)ってゆくから、この『あけび』と『えびづる』を持って行って下さい」

「『アックリ』てなにい。あらア春蘭じゃありませんか」

「民さんは町場(まちば)もんですから、春蘭などと品(ひん)のよいことおっしゃるのです。矢切の百姓(ひゃくしょう)なんぞは『アックリ』と申しましてね、皹(ひび)の薬に致します。ハハハハ」

「あらア口(くち)の悪(わる)いこと。政夫さんは、きょうはほんとに口が悪くなったよ」

□結いつける 붙들어 매다, 잡아매다 □探る (손과 발의 감각 등으로) 더듬다, 찾다 □一もくさ 한 다발, 한 묶음 □竜胆 용담 □見つける 찾다, 발견하다 □下り 내리막, 내리막길 □春蘭 춘란 □アックリ 춘란(春蘭)의 방언 □掘る 파다, 캐다 □町場 도시, 도회지 □もん 사람 ＝もの □品 품위, 격식 □～なんぞ ～등, ～따위 □皹 (추위 등으로) 손발의 살갗이 틈 또는 튼 곳 □口が悪い 입이 걸다, 밉살스러운 말을 하는 버릇이 있다

山の弁当といえば、土地(とち)の者(もの)は一般に楽しみの一つとしてある。何か生理上(せいりじょう)の理由でもあるか知(し)らんが、とにかく、山の仕事をしてやがて食べる弁当が不思議とうまいことは誰も言う所だ。今吾々二人は新らしき清水を汲(く)み来(きた)り母の心(こころ)を籠(こ)めた弁当を分けつつ食べるのである。興味の尋常(じんじょう)でないは言(い)うも愚(おろ)かな次第(しだい)だ。僕は『あけび』を好(この)み民子は野葡萄を食べつつしばらく話をする。民子は笑いながら、

「政夫さんは皹の薬に『アックリ』とやらを採ってきて学校へお持ちになるの。学校で皹(ひび)が切(き)れたらおかしいでしょうね……」

□土地の者 그 고장 사람 □生理上 생리상 □やがて 바로, 당장에 □うまい 맛있다 =おいしい □心を籠める 마음을 담다, 정성을 기울이다 □尋常 보통, 예사로움 □言うも愚かな 말할 필요조차 없는 □～次第だ ～한 바이다, ～한 따름이다 □好む 즐기다, 좋아하다 □～とやら ～라는 걸 □皹が切れる 살갗이 트다

僕は真面目に、

「なアにこれはお増にやるのさ。お増はもうとうに皸を切らしているでしょう。この間も湯(ゆ)に入(はい)る時にお増が火(ひ)を焚(た)きにきて非常に皸を痛がっているから、その内(うち)に僕が山へ行ったら『アックリ』を採ってきてやると言ったのさ」

「まアあなたは親切な人ですことね……お増は蔭日向(かげひなた)のない憎気のない女ですから、私も仲好(なかよ)くしていたんですが、この頃は何となし私に突き当るような事ばかし言って、何でもわたしを憎(にく)んでいますよ」

「アハハハ、それはお増どんが焼餅(やきもち)を焼(や)くのでさ。つまらんことにもすぐ焼餅を焼くのは、女の癖(くせ)さ。僕がそら『アックリ』を採っていってお増にやるといえば、民さんがすぐに、まアあなたは親切な人とか何とかいうのと同じ訳さ」

□**とうに** 훨씬 이전에 =とっくに　□**湯に入る** 목욕하다　□**火を焚く** 불을 지피다　□**その内** 조만간, 머지 않아　□**陰日向** (언행의) 표리, 남이 보고 있는가 보고 있지 않은가에 따라 말이나 태도가 다른 것　□**仲好くする** 사이좋게 지내다　□**～ばかし** ～뿐, ～만 〈～ばかり가 변한 말로, 회화에서 스스럼없이 하는 말〉　□**憎む** 미워하다, 싫어하다　□**どん** 손아랫사람이나 하인・동료 등을 부를 때 쓰던 말 〈殿(どの)가 변한 말〉　□**焼餅を焼く** 질투하다, 시기하다　□**癖** 버릇　□**そら** (주의를 환기시키거나 할 때 내는 말) 자 봐, 봐봐

「この人はいつの間にこんなに口が悪くなったのでしょう。何を言っても政夫さんにはかないやしない。いくら私だってお増が根も底もない焼もちだくらいは承知していますよ……」

「実はお増も不憫な女よ。両親があんなことになりさえせねば、奉公人とまでなるのではない。親父は戦争で死ぬ、お袋はこれを嘆いたがもとでの病死、一人の兄がはずれものという訳で、とうとうあの始末。国家のために死んだ人の娘だもの、民さん、いたわってやらねばならない。あれでも民さん、あなたをば大変ほめているよ。意地曲りの嫂にこきつかわれるのだから一層かわいそうでさ」

□かなう 당해내다, 필적하다 □根も底もない 밑도 끝도 없다 □焼もち 질투, 시샘 □承知する (사정 등을) 알다, 납득하다 □不憫 가엾음, 측은함 □奉公人 남의집살이, 더부살이 □お袋 어머니 ↔親父(おやじ) 아버지 □嘆く 슬퍼하다, 한탄하다 □もと 원인, 화근 □はずれもの 모자라는 사람 □始末 처지, 형편 □いたわる (동정하여) 돌보다, 위로하다 □こきつかう 혹사하다, 사정없이 부려먹다 □一層 한층 더

「そりゃ政夫さん私もそう思っていますさ。お母さんもよくそうおっしゃいました。つまらないものですけど何(なん)とかかとか分けてやってますが、また政夫さんのように情深(なさけぶか)くされると……」

民子は言(い)いさしてまた話を詰(つま)らしたが、桐の葉に包んで置いた竜胆の花を手に取って、急に話(はなし)を転(てん)じた。

「こんな美しい花、いつ採ってお出でなして。りんどうはほんとによい花ですね。私りんどうがこんなに美しいとは知らなかったわ。わたし急にりんどうが好きになった。おオえエ花……」

花好(はなず)きな民子は例の癖で、色白(いろじろ)の顔(かお)にその紫紺(しこん)の花を押(お)しつける。やがて何を思い出してか、一人(ひとり)でにこにこ笑いだした。

□何とかかとか 이것저것 =なんとかかんとか □情深く 인정 깊게, 세심하게 □言いさす 말하다 말다, 말을 하다가 중단하다 □詰らす 막히게 하다 □話を転じる 화제를 바꾸다, 이야기를 돌리다 □おオ 오!, 와! 〈감탄이나 감동을 나타냄〉 □えエ 좋다 〈いい의 방언〉 □色白の顔 하얀 얼굴 □紫紺 남보라빛 □押しつける 갖다 대다, 밀어붙이다

「民さん、なんです、そんなにひとりで笑って」

「政夫さんはりんどうのような人だ」

「どうして」

「さアどうしてということはないけど、政夫さんは何がなし竜胆のような風だからさ」

民子は言(い)い終(おわ)って顔を隠(かく)して笑った。

「民さんもよっぽど人が悪くなった。それでさっきの仇討(あだうち)という訳ですか。口真似(くちまね)なんか恐(おそ)れ入(い)りますナ。しかし民さんが野菊で僕が竜胆とは面白い対(つい)ですね。僕は悦(よろこ)んでりんどうになります。それで民さんがりんどうを好きになってくれればなお嬉しい」

□言い終る 말을 마치다, 다 말하다 □よっぽど 꽤, 어지간히 =よほど □仇討 복수, 보복 =しかえし □口真似 남의 말투를 흉내냄 □恐れ入る 손들다, 어처구니없다 □対 한 쌍, 짝 □悦んで 기꺼이

二人はこんならちもなき事いうて悦(よろこ)んでいた。秋の日足(ひあし)の短さ、日はようやく傾(かたむ)きそめる。さアとの掛声(かけごえ)で綿もぎにかかる。午後の分は僅かであったから一時間半ばかりでもぎ終えた。何(なに)やかやそれぞれまとめて番ニョに乗(の)せ、二人で差(さ)し合(あ)いにかつぐ。民子を先に僕が後に、とぼとぼ畑を出掛けた時は、日は早く松の梢(こずえ)をかぎりかけた。

半分道も来たと思う頃は十三夜(じゅうさんや)の月が、木(こ)の間(ま)から影(かげ)をさして尾花(おばな)にゆらぐ風もなく、露(つゆ)の置(お)くさえ見えるような夜になった。今朝は気がつかなかったが、道の西手(にして)に一段(いちだん)低い畑には、蕎麦(そば)の花が薄絹(うすぎぬ)を曳(ひ)き渡(わた)したように白く見える。こおろぎが寒げに鳴いているにも心とめずにはいられない。

□日足 햇살 □ようやく 차츰, 점차로 □傾きそめる (해 · 달이) 저물기 시작하다 〈~そめる (동사 ます형에 붙어) ~하기 시작하다〉 □掛声 구호, 힘을 돋우거나 장단을 맞추기 위해 지르는 소리 □かかる 시작하다, 착수하다 □何やかや 이것저것, 이래저래 □まとめる 정리하다, 한데 모으다 □乗せる 싣다 □差し合い 둘이서 힘을 합하여 일을 함 □かつぐ 메다, 짊어지다 □とぼとぼ 피곤한 듯 힘없이 걷는 모양, 터벅터벅 □梢 나무 끝, 가지 끝 □かぎりかける 가르기 시작하다 □十三夜 음력 13일 밤 =後の月 □木の間 나무 사이 □影をさす 빛을 비추다 □尾花 억새꽃의 별칭 =すすき 〈억새꽃이 짐승의 꼬리를 닮았다 해서 尾花로 표기함〉 □ゆらぐ 흔들리다 □露が置く 이슬이나 서리가 맺히다, 내리다 □西手 서쪽, 서편 □一段 한 단, 한 층 □蕎麦の花 메밀꽃 □薄絹 얇은 비단 □曳き渡す 둘러치다, 길게 치다 □こおろぎ 귀뚜라미 □心(に)とめる 마음에 담아 두다 =心(こころ)にかける

「民さん、くたぶれたでしょう。どうせおそくなったんですから、この景色のよい所で少し休んで行きましょう」

「こんなにおそくなるなら、今少し急げばよかったに。家の人達にきっと何とか言われる。政夫さん、私はそれが心配になるわ」

「今更心配してもおっつかないから、まア少し休みましょう。こんなに景色のよいことはめったにありません。そんなに人に申し訳のないような悪いことはしないもの、民さん、心配することはないよ」

月あかりが斜(なな)めにさしこんでいる道端(みちばた)の松の切株(きりかぶ)に二人は腰(こし)をかけた。目の先七、八間の所は木の蔭で薄暗(うすぐら)いがそれから向うは畑一ぱいに月がさして、蕎麦の花が際立(きわだ)って白い。

□くたぶれる 피로하다, 지치다 ＝くたびれる □どうせ 어차피 □おっつかない 되돌릴 수 없다, 소용없다 ＝おいつかない □めったに (뒤에 부정 표현이 와서) 거의, 좀처럼 □～ことはない ～할 필요가 없다 □月あかり 달빛 □斜め 비스듬함, 경사짐 □さしこむ (햇빛이) 들이비치다 □道端 길가, 도로변 □切株 그루터기 □腰をかける 걸터앉다 □薄暗い 어둑하다, 침침하다 □際立つ 눈에 띄다, 두드러지다

「何というえい景色でしょう。政夫さん、歌とか俳句(はいく)とかいうものをやったら、こんなときに面白いことがいえるでしょうね。私らような無筆(むひつ)でもこんな時には心配も何も忘れますもの。政夫さん、あなた歌をおやんなさいよ」

「僕は実は少しやっているけど、難しくて容易にできないのさ。山畑の蕎麦の花に月がよくて、こおろぎが鳴くなどは実にえいですなア。民さん、これから二人で歌をやりましょうか」

お互に一つの心配を持つ身となった二人は、内に思うことが多くてかえって話は少ない。何となく覚束(おぼつか)ない二人の行末(ゆくすえ)、ここで少しく話をしたかったのだ。民子はもちろんのこと、僕よりも一層話したかったに相違ないが、年の至(いた)らぬのと浮(う)いた心のない二人は、なかなか差向(さしむ)かいでそんな話はできなかった。しばらくは無言でぼんやり時間を過ごすうちに、一列(いちれつ)の雁(がん)が二人を促(うなが)すかのように空近く鳴いて通る。

□えい 아름답다, 좋다 =よい □歌 노래, 시 □俳句 5・7・5의 3구 17음절로 된 일본 고유의 단시(短詩) □無筆 까막눈, 문맹 =文盲(もんもう) □おやんなさい 하세요 =おやりなさい □覚束ない 불안하다, 미덥지 못하다 =心(こころ)もとない □行末 미래, 앞날 □至らぬ 미흡한, 충분치 못한 □浮いた 경박한, 들뜬, □差向かい (두 사람이) 마주 봄 □一列 한 무리, 한 줄 □促す 재촉하다, 독촉하다

漸(ようや)く田圃へ降りて銀杏の木が見えた時に、二人はまた同じように一種の感情が胸に湧(わ)いた。それは外でもない、何となく家に入りづらいと言う心持である。入りづらい訳はないと思うても、どうしても入りづらい。躊躇(ちゅうちょ)する暇(ひま)もない、忽(たちま)ち門前(もんぜん)近く来てしまった。

「政夫さん……あなた先になって下さい。私きまりわるくてしようがないわ」

「よし、それじゃ僕が先になろう」

僕はすこぶる勇気(ゆうき)を鼓(こ)し殊(こと)に平気な風を装(よそお)うて門を入った。家の人達は今夕飯最中(さいちゅう)で盛(さか)んに話が湧いているらしい。

□**湧く** 솟아나다　□**入りづらい** 들어가기 거북하다, 들어가기 어렵다 〈～づらい (동사 ます형에 붙어) ~하기 어렵다〉　□**躊躇する** 주저하다　□**忽ち** 금세, 순식간에　□**門前** 문 앞　□**よし** 상대편의 행위를 시인하거나 승인하는 말, 좋아, 알았어　□**勇気** 용기　□**鼓す** 고무하다, (힘을) 불러일으키다　□**装う** 가장하다　□**最中** (동작이나 상태가) 한창인 때, 한창 진행 중인 때

庭場(にわば)の雨戸(あまど)は未(ま)だ開いたなりに月が軒口(のきぐち)までさし込んでいる。僕が咳払(せきばらい)を一ツやって庭場へ入ると、台所(だいどころ)の話はにわかに止(や)んでしまった。民子は指の先で僕の肩を撞(つ)いた。僕も承(しょう)知(ち)しているのだ、今御膳会議(ごぜんかいぎ)で二人の噂がいかに盛んであったか。

宵祭(よいまつり)ではあり十三夜ではあるので、家中表座敷(おもてざしき)へ揃うた時、母も奥から起きてきた。母は一通(ひととお)り二人のあまり遅かったことを咎(とが)めて深くは言わなかったけれど、常とは全く違っていた。何か思っているらしく、少しも打解(うちと)けない。これまでは口には小言を言うても、心中(しんちゅう)に疑(うたが)わなかったのだが、

□**庭場** 농가에서 밤일을 하거나 수확한 곡물 등을 쌓아놓기 위해 만들어 놓은 실내의 봉당 □**雨戸** (비바람을 막기 위한) 덧문 □**〜なり** (동사 た형에 붙어) 〜채로, 〜대로 □**軒口** 처마 밑 □**咳払** 헛기침을 함, 헛기침을 함으로써 들어가기 전에 인기척을 하는 것을 말함 □**撞く** 찌르다 =突(つ)く □**御膳会議** 밥상회의, 밥상을 둘러싸고 서로 이야기함 □**いかに** 얼마나 □**表座敷** 바깥방, 주로 객실로 쓰는 현관 가까이의 큰방↔奥座敷(おくざしき) 안방 □**奥** 안방, 입구에서 깊숙이 들어간 곳의 방을 이름 □**一通り** 일단, 대략 □**咎める** 나무라다, 책망하다 □**打解ける** 털어놓다, 숨김없이 이야기하다 □**心中** 마음속, 심중 □**疑う** 의심하다

今夜は口にはあまり言わないが、心では十分に二人に疑いを起(おこ)したに違いない。民子はいよいよ小さくなって座敷中(なか)へは出ない。僕は山から採ってきた、あけびや野葡萄やを沢山(たくさん)座敷中(じゅう)へ並べ立てて、暗(あん)に僕がこんな事をしていたから遅くなったのだとの意(い)を示し無言の弁解(べんかい)をやっても何のききめもない。誰一人それをそうと見るものはない。今夜は何の話にも僕等二人は除(の)けものにされる始末で、もはや二人は全く罪あるものと黙決(もっけつ)されてしまったのである。

「お母さんがあんまり甘過(あます)ぎる。あアしている二人をいっしょに山畑(やまばた)へやるとは目のないにもほどがある。はたでいくら心配してもお母さんがあれでは駄目(だめ)だ」

□疑いを起す 의구심을 불러일으키다 □いよいよ 더욱더, 점점 =ますます □並べ立てる 하나하나 늘어놓다, 열거하여 말하다 □暗に 은근히, 넌지시 □意を示す 의미를 나타내 보이다 □弁解 변명 □ききめ 효과, 효능 =効能(こうのう) □除けものにされる 따돌림 당하다 □黙決 암묵 속에서 결정한다는 뜻으로, 어떤 것을 문제화하지 않고 무시함을 말함 □甘過ぎる 너무 관대하다, 지나치게 너그럽다 □山畑 산에 있는 밭 □目のない (가치 등을) 판단하는 능력이 없다, 판단하는 안목이 없다 =目がない

これが台所会議の決定(けってい)であったらしい。母の方でもいつまで子供と思っていたが誤(あやま)りで、自分が悪かったというような考えに今夜はなったのであろう。今更二人を叱って見ても仕方(しかた)がない。なに政夫を学校へやってしまいさえせば仔細(しさい)はないと母の心はちゃんと決まっているらしく、

「政や、お前はナ十一月へ入ってすぐ学校へやるつもりであったけれど、そうしてぶらぶらしていても為(ため)にならないから、お祭が終ったら、もう学校へゆくがよい。十七日にゆくとしろ……えいか、そのつもりで小支度(こじたく)して置け」

□**誤り** 잘못, 과오 □**仔細** 문제, 지장 ＝さしつかえ □**～つもりだ** (동사 기본형 · ない형에 붙어) ～할 생각이다, ～할 작정이다 □**ぶらぶら** 아무 목적 없이 다니는 모양, 빈둥빈둥 □**為になる** 이익이 되다, 득이 되다 □**えいか** 알겠니? 괜찮은가? 〈いいか의 방언〉 □**小支度** 간단하게 채비하는 일

学校へゆくはもとより僕の願い、十日や二十日早くとも遅くともそれに仔細はないが、この場合しかも今夜言渡(いいわた)しがあって見ると、二人は既(すで)に罪を犯(おか)したものと定(き)められての仕置(しおき)であるから、民子はもちろん僕に取ってもすこぶる心苦(こころぐる)しい処(ところ)がある。実際(じっさい)二人はそれほどに堕落(だらく)した訳でないから、頭からそうと決められては、いささか妙な心持がする。さりとて弁解のできることでもなし、また強いことを言える資格(しかく)も実はないのである。これが一ヶ月前であったらば、それはお母さん御無理だ、学校へ行くのは望(のぞ)みであるけど、科(とが)を着(き)せられての仕置に学校へゆけとはあんまりでしょう……などとすぐだだを言うのであるが、今夜はそんな我儘(わがまま)を言えるほど無邪気(むじゃき)ではない。全(まった)くの処、恋に陥(おちい)ってしまっている。

□もとより 원래, 처음부터 □しかも 게다가 □言渡し 통고 □仕置 처벌, 징계 □心苦しい 마음이 괴롭다, 안타깝다 □実際 실제 □堕落する 타락하다 □頭 덮어놓고, 처음부터 □いささか 약간, 조금 □さりとて 그렇다고 해서, 그렇지만 □資格 자격 □望み 소원, 바람 □科を着せられる 죄나 허물을 뒤집어쓰다 □我儘を言える 떼를 쓰다 □全くの処 사실은, 사실을 털어놓자면 □恋に陥る 사랑에 빠지다

あれほど可愛がられた一人の母に隠立(かくしだ)てをする、何となく隔(へだ)てを作(つく)って心のありたけを言い得(え)ぬまでになっている。おのずから人前(ひとまえ)を憚(はばか)り、人前では殊更(ことさら)に二人がうとうとしく取り成(な)すようになっている。かくまで私心(わたくしごころ)が長(ちょう)じてきてどうして立派な口がきけよう。僕はただ一言(いちごん)、

「はア……」

と答えたきり何(なん)にも言わず、母の言いつけに盲従(もうじゅう)する外(ほか)はなかった。

「僕は学校へ行ってしまえばそれでよいけど、民さんは後でどうなるだろうか」

□隠立て 숨김 □隔てを作る 거리를 만들다 □ありたけ 있는 그대로, 모두 ＝ありったけ □言い得る 말할 수 있다 □おのずから 자연스럽게, 저절로 □人前 사람들 앞 □憚る 두려워하다, 꺼리다 □殊更に 일부러, 고의로 □うとうとしい 서먹서먹하다 □取り成す 행동하다, 수습하다 □かくまで 이토록, 이렇게까지 □私心 사심, 사사로운 감정 □長じる 생겨나다, 자라다 ＝長(ちょう)ずる □口がきく 말하다 □盲従する 맹종하다, 스스로 판단하지 않고 상대가 말한 그대로 따르다 ■～外はない (동사 기본형에 붙어) ～하는 수밖에 없다 〈自分で始(はじ)めたことだから、自分でやるほかはない 자신이 시작한 일이므로 자신이 하는 수밖에 없다〉

ふとそう思って、そっと民子の方を見ると、お増が枝豆(えだまめ)をあさってる後(うしろ)に、民子はうつむいて膝(ひざ)の上に襷(たすき)をこねくりつつ沈黙(ちんもく)している。いかにも元気のない風で夜のせいか顔色も青(あお)白(じろ)く見えた。民子の風を見て僕はにわかに悲しくなって泣きたくなった。涙は瞼(まぶた)を伝(つた)って眼が曇(くも)った。なぜ悲しくなったか理由ははっきりしない。ただ民子が可哀相でならなくなったのである。民子と僕との楽しい関係もこの日の夜までは続かなく、十三日の昼の光と共に全く消(き)えうせてしまった。嬉しいにつけても思いのたけは語(かた)りつくさず、憂(う)き悲しいことについてはもちろん百分の一だも語りあわないで、二人の関係は闇(やみ)の幕(まく)に入ってしまったのである。

十四日は祭の初日(しょにち)でただ物(もの)せわしく日が暮(く)れた。お互に気のない風はしていても、手にせわしい仕事のあるばかりに、とにかく思(おも)い紛(まぎ)らすことができた。

□**ふと** 문득, 우연히　□**そっと** 슬쩍, 살그머니　□**枝豆** 가지째 꺾은 풋콩, 또는 그것을 껍질째 삶은 것　□**あさる** (파래나 미역 등을) 따다, 손에 넣다　□**うつむく** 고개를 숙이다 ↔ 仰向(あおむ)く 고개를 젖혀 위를 향하다　□**こねくる** 만지작거리다　□**沈黙する** 침묵하다　□**顔色** 얼굴빛, 안색　□**青白い** 창백하다, 파리하다　□**瞼** 눈꺼풀　□**伝う** (어떤 것을) 따라서 옮겨 가다　□**曇る** 흐려지다, 혼탁해지다 ↔ 晴(は)れる 맑아지다　□**消えうせる** 사라져 없어지다　□**思いのたけ** 생각하고 있는 것 전부, 모든 것　□**語りつくす** 모두 말하다 〈~つくす (동사 ます형에 붙어) 다 ~하다〉　□**憂い** 괴롭다, 고통스럽다 〈憂きは 古語 연체형〉　□**~だも** ~조차, ~까지도 〈だにも가 변한 말〉　□**闇の幕** 어둠의 장막　□**物せわしい** 매우 바쁘다　□**せわしい** 바쁘다, 겨를이 없다　□**思い紛らす** (다른 것으로) 마음을 달래다, 기분을 전환시키다

十五日と十六日とは、食事の外用事(ようじ)もないままに、書室へ籠(こも)りとおしていた。ぼんやり机にもたれたなり何をするでもなく、また二人の関係をどうしようかというようなことすらも考えてはいない。ただ民子のことが頭に充(み)ちているばかりで、極(きわ)めて単純(たんじゅん)に民子を思うている外に考えは働(はたら)いておらぬ。この二日の間に民子と三、四回は逢(あ)ったけれど、話もできず微笑(びしょう)を交換(こうかん)する元気もなく、うら淋(さび)しい心持を互に目に訴(うった)うるのみであった。二人の心持が今少しませておったならば、この二日の間にも将来の事など随分(ずいぶん)話し合うことができたのであろうけれど、しぶとい心持などは毛(け)ほどもなかった二人には、その場合になかなかそんな事はできなかった。それでも僕は十六日の午後になって、何とはなしに以下のような事を巻紙(まきがみ)へ書いて、日暮にちょっと来た民子に僕がいなくなってから見てくれといって渡(わた)した。

□ 用事 볼일, 용무　□ ～まま (동사 た형, い형용사 기본형, な형용사な, 명사の에 붙어) ～인 채로, ～인 그대로　□ 籠りとおす 계속 틀어박혀 있다 〈～とおす (동사 ます형에 붙어) 끝까지 ～하다〉 □ もたれる 기대다, 늘어지다 □ 充ちる 꽉 차다, 가득차다 □ 単純に 단순하게 □ 微笑を交換する 미소를 주고받다 □ うら淋しい 어쩐지(어딘지) 쓸쓸하다 □ 訴うる 호소하다 〈訴(うった)える의 방언〉 □ ませる 조숙하다, 되바라지다 □ しぶとい 끈질기다, 고집이 세다 □ 毛ほども 털끝만큼도 □ 何とはなしに 왠지는 모르게 □ 巻紙 두루마리 □ 渡す 건네다

朝からここへ入ったきり、何をする気にもならない。外へ出る気にもならず、本を読む気にもならず、ただ繰返し繰返し民さんの事ばかり思っている。民さんといっしょにいれば神様に抱かれて雲にでも乗っているようだ。僕はどうしてこんなになったんだろう。学問をせねばならない身だから、学校へは行くけれど、心では民さんと離れたくない。民さんは自分の年の多いのを気にしているらしいが、僕はそんなことは何とも思わない。僕は民さんの思うとおりになるつもりですから、民さんもそう思っていて下さい。明日は早く立ちます。冬期の休みには帰ってきて民さんに逢うのを楽しみにしております。

十月十六日　　政夫

民子様

□**抱く** 안다, 품다 □**離れる** 떨어지다, 멀어지다 □**冬期の休み** 겨울 방학 □**楽しみにする** 기대하다

学校へ行くとはいえ、罪があって早くやられるという境遇(きょうぐう)であるから、人の笑声話声(わらいごえはなしごえ)にも一々(いちいち)ひがみ心が起きる。皆二人に対する嘲笑(ちょうしょう)かのように聞かれる。いっそ早く学校へ行ってしまいたくなった。決心が定(き)まれば元気も恢復(かいふく)してくる。この夜は頭も少しくさえて夕飯も心持よく食べた。学校のこと何(なに)くれとなく母と話をする。やがて寝(しん)に就(つ)いてからも、

「何だ馬鹿馬鹿しい、十五かそこらの小僧(こぞう)の癖に、女のことなどばかりくよくよ考えて……そうだそうだ、明朝(あした)は早速学校へ行こう。民子は可哀相だけれど……もう考えまい、考えたって仕方がない、学校学校……」

独口(ひとりぐち)ききつつ眠(ねむ)りに入(はい)ったような訳であった。

□ ～とはいえ ～라고는 해도 □ 境遇 처지, 경우 □ 一々 모두, 낱낱이 □ ひがみ心 뒤틀린 생각, 비뚤어진 마음 □ ～に対する ～에 대한 □ 嘲笑 조소, 비웃음 =嘲笑い(あざわら)い □ いっそ 차라리, 도리어 =むしろ □ 恢復する 회복하다 =回復(かいふく)する □ さえる (머리가) 맑아지다 □ 何くれとなく 여러 모로, 이것저것 □ 寝に就く 잠자리에 들다 □ そこら 가량, 정도, 쯤 □ 小僧 나이 어린 남자를 얕잡아 이르는 말, 애송이 ■ ～まい (1그룹동사의 기본형, 2그룹동사의 어간에 붙어 부정 추측과 의지를 나타냄, 단 する → するまい・すまい, くる → くるまい・こまいが 됨) ～하지 않을 것이다 〈あの会社の製品(せいひん)は二度と買うまい 그 회사 제품은 두번 다시 사지 않을 것이다〉 □ 独口(を)きく 혼잣말을 지껄이다 □ 眠りに入る 잠자리에 들다

船で河(かわ)から市川へ出るつもりだから、十七日の朝、小雨(こさめ)の降るのに、一切(いっさい)の持物(もちもの)をカバン一個(ひとつ)につめ込(こ)み民子とお増に送られて矢切の渡(わた)しへ降りた。村の者の荷船(にぶね)に便乗(びんじょう)する訳でもう船は来ている。僕は民さんそれじゃ……と言うつもりでも喉(のど)がつまって声が出ない。民子は僕に包みを渡してからは、自分の手のやりばに困って胸を撫(な)でたり襟(えり)を撫でたりして、下ばかり向いている。眼にもつ涙をお増に見られまいとして、体を脇(わき)へそらしている。民子があわれな姿を見ては僕も涙が抑(おさ)え切(き)れなかった。民子は今日を別(わか)れと思ってか、髪はさっぱりとした銀杏返(いちょうがえ)し*に薄く化粧(けしょう)をしている。煤色(すすいろ)と

□河 강 □小雨 가랑비 ↔ 大雨(おおあめ) 큰비, 호우 □一切 전부, 모두 □持物 짐, 소지품 □つめ込む 쑤셔 넣다, 가득 채워 넣다 □荷船 짐배, 화물선 □便乗する 동승하다, 편승하다 □喉がつまる 목이 메이다 □手のやりば 손을 둘 곳 □撫でる 어루만지다, 쓰다듬다 □襟 옷깃 □脇 딴 데, 엉뚱한 데 □そらす (딴 데로) 돌리다, 빗나가게 하다 □あわれ 가련함, 애처로움 □抑え切れない 억누를 수 없다 〈~きれない (동사 ます형에 붙어) 끝까지 ~하지 못하다〉 □別れ 이별 □さっぱり 깔끔이, 산뜻이 □煤色 엷은 검정색

* 銀杏返し
정수리에서 모은 머리를 좌우로 갈라 반원형으로 틀어 묶은 여성의 머리 모양

紺(こん)の細(こま)かい弁慶縞(べんけいじま)*で、羽織(はおり)も長着(ながぎ)も同じい米沢紬(よねざわつむぎ)に、品のよい友禅縮緬(ゆうぜんちりめん)*の帯(おび)を締(し)めていた。襷(たすき)を掛(か)けた民子もよかったけれど今日の民子はまた一層引立(ひきた)って見えた。

僕の気のせいででもあるか、民子は十三日の夜からは一(ひと)日(ひ)一日とやつれてきて、この日のいたいたしさ、僕は泣かずにはいられなかった。虫(むし)が知(し)らせるとでもいうのか、これが生涯(しょうがい)の別れになろうとは、僕はもちろん民子とて、よもやそうは思わなかったろうけれど、この時のつらさ悲しさは、とても他人に話しても信じてくれるものはないと思うくらいであった。

□紺 남색, 감색 □細かい 가느다랗다, 자잘하다 □羽織 일본 着物 위에 입는 짧은 겉옷 □長着 발목 부분까지 내려오는 긴 일본 겉옷 □米沢紬 山形(やまがた)현 米沢지방에서 생산되는 명주 □帯 着物를 입을 때 허리에 두르는 띠, 또는 띠 모양의 것 □締める (끈 등으로) 매다 □引立つ 돋보이다, 두드러지다 □やつれる 수척해지다, 야위어 초라해지다 □いたいたしさ 가련함, 측은함 □虫が知らせる 어쩐지 그런 예감이 들다 □生涯 평생, 생애 □～とて ～도 역시 □よもや 설마 ＝まさか

* 弁慶縞　두 가지 빛깔의 실을 사용하여 가로 세로로 짠 격자무늬
* 友禅縮緬　염색을 하지 않을 부분에는 풀을 칠하여 색이 스며들지 못하도록 하는 방법으로 염색한 비단. 원래는 손으로 그려 채색했으나 明治(めいじ)시대 이후에는 본을 뜬 종이를 이용한 것이 많아졌다. 꽃 · 새 · 산수 등 회화처럼 화려한 무늬로 유명하다.

もっとも民子の思いは僕より深かったに相違ない。僕は中学校を卒業するまでにも、四、五年間(あいだ)のある体であるに、民子は十七で今年の内にも縁談(えんだん)の話があって両親からそう言われれば、無造作に拒むことのできない身であるから、行末のことをいろいろ考えて見ると心配の多い訳である。当時の僕はそこまでは考えなかったけれど、親(した)しく目に染(し)みた民子のいたいたしい姿は幾年(いくねん)経っても昨日の事のように眼に浮(う)いているのである。

余所から見たならば、若いうちによくあるいたずらの勝手(かって)な泣面(なきづら)と見苦しくもあったであろうけれど、二人の身に取っては、真にあわれに悲しき別れであった。互に手を取って後来(こうらい)を語ることもできず、小雨のしょぼしょぼ降る渡(わた)し場(ば)に、

□もっとも 다만 =ただし　□縁談 혼담, 결혼 이야기　□親しく 직접, 몸소, 친히　□染みる 스며들다, 배다　□いたいたしい 애처롭다, 가련하고 측은하다　□浮く 떠오르다↔沈(しず)む 가라앉다　□いたずら 헛됨, 무익함, 쓸데없음　□勝手 제멋대로임　□後来 장래 =将来(しょうらい)　□しょぼしょぼ 보슬보슬, 부슬부슬 =しとしと　□渡し場 나루터, 선착장 =渡(わた)し

泣きの涙も人目を憚り、一言の詞もかわし得ないで永久の別れをしてしまったのである。無情の舟は流れを下って早く、十分間と経たぬ内に、五町と下らぬ内に、お互の姿は雨の曇りに隔てられてしまった。物も言い得ないで、しょんぼりと悄れていた不憫な民さんの俤、どうして忘れることができよう。民さんを思うために神の怒りに触れて即座に打殺さるるようなことがあるとても僕には民さんを思わずにいられない。年をとっての後の考えから言えば、あアもしたらこうもしたらと思わぬこともなかったけれど、当時の若い同志の思慮には何らの工夫もなかったのである。八百屋お七*は家を焼いたらば、ふたたび思う人に逢われることと工夫を

□泣きの涙 눈물을 흘리며 욺, 몹시 슬퍼함 □人目を憚る 남의 눈을 꺼리다 □かわし得ないで 나누지 못하고, 건네지 못하고 □永久 영원, 영구 □無情の船 무정한 배 □流れ 강, 시내 □しょんぼり 쓸쓸히, 기운 없이 □悄れる 풀이 죽다, 의기소침해 있다 □俤 (기억 속에 떠오르는 옛날의) 모습 □怒りに触れる 노여움을 사다 □即座に 당장에, 즉석에서 □打殺さるる 맞아 죽는 〈打殺(うちころ)す의 수동형인 打殺(うちころ)される의 古語〉 □年をとる 나이를 먹다 □同志 한 쌍, 한 패 =同士(どうし) □思慮 사려, 신중히 생각함 □何ら 아무런, 조금도 □工夫 뾰족한 수, 묘안, 궁리 □焼く 태우다 □ふたたび 다시, 재차

* 八百屋お七　江戸(えど)시대 江戸本郷(ほんごう) 〈현재 東京의 文京区(ぶんきょうく)〉에 살던 八百屋(채소 가게)의 딸. お七는 1682년 12월 江戸에 일어난 큰불로 절에 피난했을 당시 절의 시동과 만나 연인 관계가 되었는데, 그를 연모한 나머지 화재가 나면 만날 수 있을 것이라 생각하고 이듬해 여러 곳에 방화를 일으켜, 체포되어 화형에 처해졌다고 한다.

したのであるが、吾々二人は妻戸(つまど)一枚を忍(しの)んで開けるほどの智慧(ちえ)も出なかった。それほどに無邪気な可憐(かれん)な恋でありながら、なお親に怖(お)じ兄弟に憚り、他人の前にて涙も拭(ふ)き得(え)なかったはいかに気の弱い同志であったろう。

僕は学校へ行ってからも、とかく民子のことばかり思われて仕方がない。学校におってこんなことを考えてどうするものかなどと、自分で自分を叱り励(はげ)まして見ても何の甲斐(かい)もない。そういう詞(ことば)の尻(しり)からすぐ民子のことが湧いてくる。多くの人中(ひとなか)にいればどうにか紛(まぎ)れるので、日の中はなるたけ一人でいないように心掛(こころが)けていた。夜になっても寝ると仕方がないから、なるたけ人中で騒(さわ)いでいて疲れて寝る工夫をしていた。そういう始末でようやく年も暮(く)れ冬期休業(とうききゅうぎょう)になった。

□ **妻戸** 쌍여닫이문, 집 뒤쪽이나 안쪽 정원의 울타리에 있는 출입문 □ **忍ぶ** 몰래하다, 은밀히 하다 □ **智慧** 지혜 =知恵(ちえ) □ **怖じる** 두려워하다, 겁내다 □ **～にて** ～에서 =～で □ **拭き得ない** 닦을 수 없다 □ **とかく** 어쨌든, 여하튼 =とにかく □ **励ます** 격려하다 □ **甲斐** 보람, 효과 □ **詞の尻** 말 끝 □ **どうにか** 어떻게든, 그런대로, 그럭저럭 □ **人中** 사람이 많이 있는 곳 □ **紛れる** 다른 것에 마음이 쏠리어 잠시 잊다 □ **日の中** 낮 동안 □ **心掛ける** 마음 쓰다, 유의하다 □ **騒ぐ** 북적대다, 떠들썩거리다 □ **年が暮れる** 한 해가 저물다, 한 해가 가다 □ **冬期休業** 겨울 방학

僕が十二月二十五日の午前に帰って見ると、庭一面(いちめん)に籾(もみ)を干(ほ)してあって、母は前の縁側(えんがわ)に蒲団(ふとん)を敷(し)いて日向(ひなた)ぼっこをしていた。近頃はよほど体の工合(ぐあい)もよい、今日は兄夫婦と男とお増とは山へ落葉(くず)をはきに行ったとの話である。僕は民さんはと口の先まで出たけれどついに言い切らなかった。母も意地悪(いじわる)く何とも言わない。僕は帰り早々(そうそう)民子のことを問(と)うのがいかにもきまりわるく、そのまま例の書室を片づけてここに落着(おちつ)いた。しかし日暮までには民子も帰ってくることと思いながら、おろおろして待っている。皆が帰っていよいよ夕飯ということになっても民子の姿は見えない、誰もまた民子のことを一言(ひとこと)も言うものもない。僕はもう民子は市川へ帰ったものと察(さっ)して、人に問うのもいまいましいから、外の話もせず、飯(めし)が済(す)むとそれなり書室へ入ってしまった。

□一面 전체, 온통　□籾 벼, 탈곡하지 않은 쌀　□干す 말리다, 건조하다　□縁側 툇마루 =縁(えん)　□蒲団を敷く 이불을 깔다　□日向ぼっこをする 양달에 나가 햇볕을 쬐다　□工合 (몸의) 상태 =具合(ぐあい)　□落葉 낙엽, 쓰레기와 같은 부스러기　□はく 쓸다, 비질하다　□口の先 입 언저리, 입가　□言い切る 다 말하다, 말을 마치다　□意地悪い 심술궂다　□早々 (다른 말 뒤에 써서) ~하자마자, ~하자 곧　□問う 묻다, 추궁하다 =尋(たず)ねる　□おろおろする 놀람 · 걱정 · 슬픔 등으로 당황하여 허둥대다, 허둥지둥하다　□察する 짐작하다, 추측하다　□いまいましい 화가 나다, 분하다　□飯が済む 식사가 끝나다

今日は必ず民子に逢われることと一方(ひとかた)ならず楽しみにして帰って来たのに、この始末で何とも言えず力(ちから)が落(お)ちて淋しかった。さりとて誰にこの苦悶(くもん)を話しようもなく、民子の写真などを取出(とりだ)して見ておったけれど、ちっとも気(き)が晴(は)れない。またあの奴民子がいないから考え込んでいやがると思われるも口惜(くや)しく、ようやく心を取直し、母の枕もとへいって夜遅くまで学校の話をして聞かせた。

翌(あ)くる日は九時頃にようやく起きた。母はまだ寝ている。台所へ出て見ると外の者は皆また山へ往(い)ったとかで、お増が一人台所片づけに残っている。僕は顔を洗ったなり飯も食(く)わずに、背戸の畑へ出てしまった。この秋、民子と二人で茄子(なす)をとった畑が今は青々(あおあお)と菜(な)がほきている。僕はしばらく立っていずこを眺(なが)めるともなく、民子の俤を脳中(のうちゅう)に描(えが)きつつ思いに沈(しず)んでいる。

□必ず 틀림없이, 반드시 □一方ならず 굉장히, 매우 □力が落ちる 힘이 빠지다 □苦悶 고민, 번민 ■~(よ)うもない (동사 ます형에 붙어) ~하려고 해도 할 수도 없다, ~할 방법도 없다 〈歯が痛くてお腹が空いても食べようがない 이가 아파서 배가 고파도 먹을 수가 없다〉 □取出す 꺼내다 □気が晴れる 개운해지다, 기분이 나아지다 □心を取直す 마음을 다잡다, 마음을 고쳐먹다 □翌くる日 이튿날, 다음날 =翌日(よくじつ) □食う 먹다 〈食べる보다 거친 말〉 □青々 푸르디푸른 모양 □菜 유채, 푸성귀 □ほきる (식물 등이) 자라다, 무성하다 〈방언〉 □いずこ 어디, 어느 곳 =どこ □眺める 보다, 바라보다 □脳中 머릿속, 뇌리 □描く 그리다

「政夫さん、何をそんなに考えているの」

お増が出し抜けに後からそいって、近くへ寄ってきた。僕がよい加減(かげん)なことを一言二言いうとお増はいきなり僕の手をとって、も少しこっちへきてここへ腰を掛けなさいまアと言いつつ、藁(わら)を積(つ)んである所へ自分も腰をかけて僕にも掛けさせた。

「政夫さん……お民さんはほんとに可哀相でしたよ。うちの姉さんたらほんとに意地曲りですからネ。何という根性(こんじょう)の悪(わる)い人だか、私もはアここのうちにいるのが嫌(いや)になってしまった。昨日政夫さんが来るのは解(わか)りきっているのに、姉さんがいろんなことをいって、一昨日(おととい)お民さんを市川へ帰(かえ)したんですよ。待つ人があるだっぺとか逢いたい人が待(ま)ちどおかっぺとか、当(あて)こすりをいってお民さんを泣(な)かせたりしてネ、

□よい加減 적당함, 알맞음 □いきなり 갑자기, 돌연 □も少し 잠깐, 조금 더 □藁 짚 □積む 쌓다 □～たら ～은 말야, ～은 참 □根性が悪い 마음보가 고약하다 □はア 상대의 말에 맞장구를 치는 말, 참, 네 □解りきる 뻔하다, 명백하다 □帰す 돌려보내다 □～っぺ ～니, ～어 〈친근감 있게 하는 말투〉 □待ちどお 몹시 기다려지는 모양 □当こすり 빈정댐, 비꼬거나 나쁘게 말함 □泣かせる 울리다, 울게 하다

お母さんにも何でもいろいろなこと言ったらしい、とうとう一昨日お昼前に帰してしまったのでさ。政夫さんが一昨日来たら逢われたんですよ。政夫さん、私はお民さんが可哀相で可哀相でならないだよ。何(なん)だってあなたがいなくなってからはまるで泣きの涙で日(ひ)を暮(く)らしているんだもの、政夫さんに手紙をやりたいけれど、それがよく自分にはできないから口惜しいといってネ。私の部屋へ三晩(みばん)も硯(すずり)と紙を持ってきては泣いていました。お民さんも始まりは私にも隠していたけれど、後には隠していられなくなったのさ。私もお民さんのためにいくら泣いたか知れない……」

見ればお増はもうぼろぼろ涙(なみだ)をこぼしている。一体(いったい)お増はごく人のよい親切な女で、僕と民子が目の前で仲好い風をすると、嫉妬心(しっとしん)を起(おこ)すけれど、もとより執念深(しゅうねんぶか)い性(しょう)でないから、民子が一人になれば民子と仲が好く、僕が一人になれば僕を大騒(おおさわ)ぎするのである。

□何だって 왜냐하면 □日を暮らす 날을 보내다, 생활하다 □硯 벼루 □ぼろぼろ 알갱이나 눈물 등이 잇달아 떨어지는 모양, 뚝뚝 □涙をこぼす 눈물을 흘리다 □一体 본래, 애당초 □ごく 아주, 극히 □嫉妬心を起す 질투심을 일으키다 □執念深い 집요하다, 집념이 강하다 □性 성질, 본성

それからなおお増は、僕がいない後で民子が非常に母に叱られたことなどを話した。それはおおよそこうである。意地悪の嫂が何を言うても、母が民子を愛(あい)することは少しも変らないけれど、二つも年の多い民子を僕の嫁にすることはどうしてもいけぬということになったらしく、それには嫂もいろいろ言うて、嫁にしないとすれば、二人の仲はなるたけ裂(さ)くような工夫をせねばならぬ。母も嫂もそういう心持になっているから、民子に対する仕向(しむ)けは、政夫のことを思うていても到底(とうてい)駄目であると遠廻(とおまわ)しに諷示(ふうし)していた。そこへきて民子が明(あ)けても暮(く)れてもくよくよして、人の眼にもとまるほどであるから、時々は物忘(ものわす)れをしたり、呼んでも返辞(へんじ)が遅かったりして、母の癇癪(かんしゃく)にさわったことも度々(たびたび)あった。僕がいなくなってから二十日ばかり経って十一月の月初めの頃、民子も

□おおよそ 대략, 대체 ＝あらまし　□愛する 사랑하다, 귀여워하다　□仕向け 처사　□到底 도저히, 아무리 해도 ＝どうしても　□遠廻し 간접적임, 에둘러 말함　□諷示する 암시하다 ＝ほのめかすこと　□明けても暮れても 자나 깨나, 날이면 날마다　□物忘れ 잘 잊어버림, 건망　□返辞 대답, 응답　□癇癪にさわる 심기를 건드리다, 짜증나게 하다　□度々 종종, 번번이 ＝しばしば

外の者と野(のら)へ出ることとなって、母が民子にお前は一足後になって、座敷のまわりを雑巾(ぞうきん)がけしてそれから庭に拡(ひろ)げてある蓆(むしろ)を倉(くら)へ片づけてから野へゆけと言いつけた。民子は雑巾がけをしてからうっかり忘れてしまって、蓆を入れずに野へ出た処(ところ)、間(ま)が悪(わる)くその日雨が降ったから、その蓆十枚ばかりを濡(ぬ)らしてしまった。民子は雨が降ってから気がついたけれど、もう間(ま)に合(あ)わない。うちへ帰って早速母に詫(わ)びたけれど母は平日(へいじつ)の事が胸にあるから、

「何(なに)も十枚ばかりの蓆が惜(お)しいではないけれど、一体私の言いつけをおろそかに聞いているから起ったことだ。もとの民子はそうでなかった。得手勝手(えてかって)な考えごとなどしているから、人の言うことも耳へ入らないのだ……」

□雑巾がけする 걸레질하다 □拡げる 널다, 펼치다 □蓆 돗자리, 멍석 □倉 창고, 곳간 □うっかり 깜빡 □～た処 ~는데 ＝ところが □間が悪い 운이 나쁘다↔間(ま)がいい 운이 좋다 □濡らす 적시다 □間に合う 시간에 늦지 않게 대다 □詫びる 용서를 빌다, 사죄하다 ＝あやまる □平日 평소, 평상시 □何も 특별히, 유달리 □惜しい (잃거나 헛되게 되는 것이) 아깝다 □おろそか 소홀히 함, 등한시 함, 적당히 함 □得手勝手 자기 멋대로임 ＝わがまま

　というような随分痛い小言をいった。民子は母の枕元近くへいって、どうか私が悪かったのですから堪忍(かんにん)して……と両手をついてあやまった。そうすると母はまたそう何も他人らしく改(あらた)まってあやまらなくともだと叱ったそうで、民子はたまらなくなってワッと泣き伏(なきふ)した。そのまま民子が泣(なき)きやんでしまえば何のこともなく済(す)んだであろうが、民子はとうとう一晩中(ひとばんじゅう)泣きとおしたので翌朝(あくるあさ)は眼を赤くしていた。母も夜時々眼(め)をさましてみると、民子はいつでも、すくすく泣いている声がしていたというので、今度は母が非常に立腹(りっぷく)して、お増と民子と二人呼んで母が顫え声(ふるごえ)になっていうには、

「相対(あいたい)では私がどんな我儘(わがまま)なことをいうかも知れないからお増は聞人(ききて)になってくれ。民子は夕(ゆう)べ一晩中泣きとおした。定(さだ)めし私に言われたことが無念(むねん)でたまらなかったからでしょう」

□堪忍する 화를 참고 용서하다 ＝勘弁(かんべん)する　□あやまる 용서를 빌다, 사과하다　□泣き伏す 엎드려 울다　□泣きやむ 울다 그치다　□済む 끝나다, 해결되다　□一晩中 하룻밤 내내　□泣きとおす 계속 울다　□翌朝 다음날 아침　□眼をさます 잠을 깨다　□すくすく 훌쩍훌쩍 ＝しくしく　□立腹する 역정을 내다, 노하다　□顫え声 떨리는 목소리 ＝震(ふる)え声(ごえ)　□相対 당사자끼리의 대면, 마주 대함　□聞人 듣는 사람, 듣는 사람의 입장　□定めし 틀림없이, 필시 ＝きっと　□無念 분함, 원통함

民子はここで私はそうでありませんと泣声(なきごえ)で言うたけれど、母は耳(みみ)にもかけずに、

「なるほど私の小言も少しいい過ぎかもしれないが、民子だって何もそれほど口惜しがってくれなくてもよさそうなものじゃないか。私はほんとに考えると情けなくなってしまった。かわいがったのを恩(おん)に着(き)せるではないが、もとを言えば他人だけれど、乳呑児(ちのみご)の時から、民子はしょっちゅう家へ来ていて今の政夫と二つの乳房(ちぶさ)を一つずつ含(ふく)ませていたくらい、お増が来てからもあの通りで、二つのものは一つずつ四つのものは二つずつ、着物を拵(こしら)えてもあれに一枚これに一枚と少しも別(わ)け隔(へだ)てをせないできた。民子も真(しん)の親(おや)のように思ってくれ私もわが子と思ってよその人は誰だって二人を

□泣声 우는 소리 □耳にもかけずに 귀를 기울이지도 않고, 듣지도 않고 □なるほど 과연, 정말 □恩に着せる 공치사하다, 생색내다 □もとをいえば 원래 말하자면 □乳呑児 젖먹이, 유아 =赤子(あかご) □しょっちゅう 자주, 늘상 □乳房 젖, 유방 □含ませる 입에 물리다 □別け隔てをする 차별을 두다, 구별하다 □真の親 진짜 부모, 친부모

兄弟と思わないものはなかったほどであるのに、あとにも先(さき)にも一度の小言をあんなに悔(くや)しがって夜中(よるじゅう)泣いてくれなくともよさそうなもの。市川の人達に聞かれたらば、斎藤の婆(ばあ)がどんなひどいことを言ったかと思うだろう。十何年という間わが子のように思ってきたこともただ一度の小言で忘れられてしまったかと思うと私は口惜(くや)しい。人間というものはそうしたものかしら。お増、よく聞いてくれ、私が無理か民子が無理か。なアお増」

母は眼に涙を一ぱいに溜(た)めてそう言った。民子は身(み)も世(よ)もあらぬさまでいきなりにお増の膝(ひざ)へすがりついて泣き泣き、

「お増や、お母さんに申(もう)し訳(わけ)をしておくれ。私はそんなだいそれた了簡(りょうけん)ではない。ゆんべあんなに泣いたは全く私が悪かったから、全く私が届(とど)かなかったのだから、お増や、お前がよく申し訳をそう言っておくれ……」

□あとにも先にも 전에도 이후에도 □溜める 한 곳에 모으다 □身も世もあらぬさま 제정신이 아닌 모습 □すがりつく 매달리다, 달라붙다 □申し訳 변명, 해명 〈言訳(いいわけ)의 겸양어〉 □だいそれた 당치도 않는, 발칙한 □了簡 생각, 소견 □届く 미치다, 닿다

それからお増が、

「お母さんの御立腹(ごりっぷく)も御もっともですけれど、私が思うにャお母さんも少し勘違(かんちが)いをして御いでなさいます。お母さんは永年(ながねん)お民さんをかわいがって御いでですから、お民さんの気質(きだて)は解っておりましょう。私もこうして一年御厄介(ごやっかい)になっていてみれば、お民さんはほんと優(やさ)しい温和(おとな)しい人です。お母さんに少しばかり叱られたって、それを悔しがって泣いたりなんぞするような人ではありますまい。私がこんなことを申してはおかしいですが、政夫さんとお民さんとは、あアして仲好くしていたのを、何かの御都合(つごう)で急にお別れなさったもんですから、それからというもの、お民さんは可哀相なほど元気がないのです。木(こ)の葉(は)のそよぐにも溜息(ためいき)をつき烏(からす)の鳴くにも涙(なみだ)ぐんで、触(さわ)れば泣きそうな風でいたところへ、お母さんから少しきつく叱られたから留度(とめど)なく泣いたのでしょう。

□ **もっとも** 지당함, 당연함 □ **～にャ** (にはの 압축 표현) ～에는, ～로는 □ **勘違いをする** 오해를 하다, 착각을 하다 □ **永年** 오랜 세월, 여러 해 ＝長年(ながねん) □ **気質** 성품, 타고난 마음씨 □ **厄介** 신세, 폐 □ **温和しい** 온순하다, 얌전하다 ＝大人(おとな)しい □ **都合** 사정, 형편 □ **～もんだから** ～이므로, ～이니까 □ **そよぐ** (잎이) 흔들리다 □ **溜息をつく** 한숨을 쉬다 □ **涙ぐむ** 눈물을 머금다 □ **触る** 손을 대다, 건드리다 □ **きつい** 호되다, 심하다 □ **留度なく** 한없이

お母さん、私は全くそう思いますわ。お民さんは決してあなたに叱られたとて悔しがるような人ではありません。お民さんのような温和しい人を、お母さんのようにあア言って叱っては、あんまり可哀相ですわ」

お増が共(とも)泣(な)きをして言訳(いいわけ)をいうたので、もとより民子は憎(にく)くない母だから、にわかに顔色(かおいろ)を直(なお)して、

「なるほどお増がそういえば、私も少し勘違いをしていました。よくお増そういうてくれた。私はもうすっかり心持(こころもち)がなおった。民や、だまっておくれ、もう泣いてくれるな。民やも可哀相であった。なに政夫は学校へ行ったんじゃないか、暮(くれ)には帰ってくるよ。なアお増、お前は今日は仕事を休んで、うまい物でも拵えてくれ」

□**共泣きをする** 함께 울다, 같이 울다 □**顔色を直す** 얼굴빛을 고치다, 얼굴색을 바꾸다 □**心持がなおる** 기분이 나아지다 □**～な** (동사 기본형에 붙어 금지를 나타냄) ～하지 마라 □**暮** 연말, 세모

その日は三人が幾度(いくど)もよりあって、いろいろな物を拵えては茶(ちゃ)ごとをやり、一日面白く話をした。民子はこの日はいつになく高笑(たかわら)いをし元気よく遊んだ。何といっても母の方はすぐ話(はなし)が解(わか)るけれど、嫂が間(ま)がな隙(すき)がないろいろなことを言うので、とうとう僕の帰らないうちに民子を市川へ帰したとの話であった。お増は長い話を終るや否やすぐ家へ帰った。

なるほどそうであったか、姉はもちろん母までがそういう心になったでは、か弱(よわ)い望みも絶(た)えたも同様(どうよう)。心細(こころぼそ)さの遣瀬(やるせ)がなく、泣くより外に詮(せん)がなかったのだろう。そんなに母に叱られたか……一晩中(じゅう)泣きとおした……なるほどなどと思うと、再(ふたた)び熱い涙が漲(みなぎ)り出(だ)してとめどがない。僕はしばらくの間、涙の出るがままにそこにぼんやりしておった。その日はとうとう朝飯(あさめし)も食べず、昼過(ひるす)ぎまで畑のあたりをうろついてしまった。

□ **幾度** 몇 번, 몇 회 □ **よりあう** 한 곳에 모이다, 집합하다 □ **茶ごと** 다과회 □ **いつになく** 전에 없이 □ **高笑いをする** 큰 소리로 웃다 □ **話が解る** 말이 통하다, 사리에 밝고 상대를 잘 이해하다 □ **間がな隙がな** 틈만 나면 □ **か弱い** 가녀리다, 가냘프다 □ **絶える** 끊어지다 □ **同様** 마찬가지, 같음 □ **心細さ** 불안함, 허전함↔心強(こころづよ)さ 믿음직스러움 □ **遣瀬がない** 마음 달랠 길 없다 □ **詮がない** 방법이 없다, 하는 수 없다, =しかたがない □ **再び** 다시, 재차 □ **漲り出す** 넘쳐 흐르다 □ **とめどがない** 한이 없다, 끝이 없다 ■ **～がままに** (동사 기본형 · 수동형에 붙어) ～하는 대로 〈人生あるがままに生きましょう 인생, 있는 그대로 살자！〉 □ **うろつく** (뚜렷한 목적 없이) 헤매다, 방황하다, 서성거리다

そうなるとにわかに家にいるのが嫌でたまらない。できるならば暮の内（うち）に学校へ帰ってしまいたかったけれど、そうもならないでようやくこらえて、年（とし）を越（こ）し元日一日置（がんじついちにちお）いて二日の日には朝早く学校へ立ってしまった。

今度は陸路（りくろ）市川へ出て、市川から汽車に乗ったから、民子の近所を通ったのであれど、僕はきまりがわるくてどうしても民子の家へ寄（よ）れなかった。また僕に寄られたらば、民子が困るだろうとも思って、いくたび寄ろうと思ったけれど遂（つい）に寄らなかった。

思えば実に人の境遇（きょうぐう）は変化するものである。その一年前までは、民子が僕の所へ来ていなければ、僕は日曜のたびに民子の家へ行ったのである。僕は民子の家へ行っても外の人には用はない。いつでも、

「お祖母（ばあ）さん、民さんは」

□こらえる (감정 등을) 꾹 참다, 견디다 □年を越す 해를 넘기다 □元日 설날 □一日置いて 하루 지나, 하루 건너 □陸路 육로

　そら「民さんは」が来たと言われるくらいで、ある時などは僕がゆくと、民子は庭に菊(きく)の花(はな)を摘(つ)んでいた。僕は民さんちょっとお出でと無理に背戸へ引張(ひっぱ)って行って、二間梯子(にけんばしご)を二人で荷(にな)い出(だ)し、柿(かき)の木(き)へ掛(か)けたのを民子に抑(おさ)えさせ、僕が登って柿を六個(むっつ)ばかりとる。民子に半分やれば民子は一つで沢山(たくさん)というから、僕はその五つを持ってそのまま裏から抜(ぬ)けて帰ってしまった。さすがにこの時は戸村(とむら)の家でも家中で僕を悪く言ったそうだけれど、民子一人はただにこにこ笑っていて、決して政夫さん悪いとは言わなかったそうだ。これくらい隔てなくした間柄(あいだがら)だに、恋ということ覚えてからは、市川の町を通るすら恥かしくなったのである。

□ 菊の花 국화꽃　□ 摘む (손으로) 뜯다, 따다　□ 引張る 끌다, 잡아당기다　□ 二間梯子 길이가 두 칸 정도 되는 사다리　□ 荷い出す 짊어지고 나오다　□ 柿の木 감나무　□ 掛ける (높은 곳에) 걸치다, 걸다　□ 抑える (움직이지 않도록) 누르다, 붙잡다　□ 沢山 충분함, 더 필요 없음　□ 抜ける 빠져나오다, 달아나다　□ さすがに 과연, 역시　□ ～だに ～조차, ～까지도

この年の暑中(しょちゅう)休みには家に帰らなかった。暮にも帰るまいと思ったけれど、年(とし)の暮(くれ)だから一日でも二日でも帰れというて母から手紙がきた故、大三十日(おおみそか)の夜帰ってきた。お増も今年きりで下(さ)がったとの話でいよいよ話相手(はなしあいて)もないから、また元日一日で二日の日に出掛けようとすると、母がお前にも言うて置くが民子は嫁(よめ)にいった、去年の霜月(しもつき)やはり市川の内で、大変裕福(ゆうふく)な家だそうだ、と簡単に言うのであった。僕ははアそうですかと無造作(むぞうさ)に答えて出てしまった。

民子は嫁にいった。この一語(いちご)を聞いた時の僕の心持は自分(じぶん)ながら不思議と思うほどの平気であった。僕が民子を思っている感情に何らの動揺(どうよう)を起さなかった。これには何か相当(そうとう)の理由があるかも知れねど、ともかくも事実はそうである。

□ **暑中** 한 여름의 더운 때, 입추 전 18일간 □ **年の暮** 한 해의 마지막, 한 해의 끝 □ **大三十日** 섣달 그믐, ＝大晦日(おおみそか) □ **下がる** (일하던 곳에서 고향집으로) 내려가다 □ **話相手** 말상대 □ **嫁にいく** 시집가다 □ **霜月** 음력 11월 □ **市川の内** 이치카와 사람 □ **裕福** 유복함 ＝富裕(ふゆう) □ **動揺** 동요 □ **相当の** 상당한 □ **～かも知れねど** ～일지도 모르지만 〈～かも知れないけど의 준말〉 □ **ともかくも** 어쨌든 간에, 하여간

僕はただ理窟なしに民子はどんな境涯(きょうがい)に入ろうとも、僕を思っている心は決して変らぬものと信じている。嫁にいこうがどうしようが、民子は依然(いぜん)民子で、僕が民子を思う心に寸分(すんぶん)の変りないように民子にも決して変りないように思われて、その観念(かんねん)はほとんど大石(おおいし)の上に坐(ざ)しているようで毛の先ほどの危惧心(きぐしん)もない。それであるから民子は嫁にいったと聞いても少しも驚(おどろ)かなかった。しかしその頃から今までにない考えも出て来た。民子はただただ少しも元気がなく、痩衰(やせおとろ)えて鬱(ふさ)いでばかりいるだろうとのみ思われてならない。可哀相な民さんという観念ばかり高(たか)まってきたのである。そういう訳であるから、学校へいっても以前とはほとんど反対(はんたい)になって、以前は勉(つと)めて人中へ入って、苦悶を紛らそうとしたけれど、

□境涯 처지, 환경 ＝境遇(きょうぐう)　□～(よ)が～(よ)が ～하든 ～하든　□依然 여전, 전과 다름 없음　□寸分 (뒤에 부정어가 와서) 한 치의, 조금도　□観念 관념, 각오　□ほとんど 거의, 대부분　□大石 큰 바위, 큰 돌　□坐する 앉다　□危惧心 염려, 불안한 마음　□痩衰える 여위어서 쇠약해지다　□鬱ぐ 우울해지다　□高まる 높아지다, 고조되다　□反対 반대　□勉めて 애써, 힘써

今度はなるべく人を避(さ)けて、一人で民子の上に思いを馳(は)せて楽しんでおった。茄子畑の事や綿畑(わたばたけ)の事や、十三日の晩の淋しい風や、また矢切の渡しで別れた時の事やを、繰返し繰返し考えては独(ひと)り慰(なぐさ)んでおった。民子の事さえ考えればいつでも気分がよくなる。もちろん悲しい心持になることがしばしばあるけれど、さんざん涙を出せばやはり後は気分がよくなる。民子の事を思っていればかえって学課(がっか)の成績(せいせき)も悪くないのである。これなども不思議の一つで、いかなる理由か知らねど、僕は実際そうであった。

□ **避ける** 피하다, 멀리하다　□ **思いを馳せる** 생각을 하다　□ **慰む** 위로하다, 달래다 =慰める
□ **学課** 학과, 수업　□ **成績** 성적　□ **いかなる** 어떤, 어떠한

いつしか月も経って、忘れもせぬ六月二十二日、僕が算術(さんじゅつ)の解題(かいだい)に苦(くる)しんで考えていると、小使(こづかい)が斎藤さんおうちから電報(でんぽう)です、といって机(つくえ)の端(はし)へ置いて去(さ)った。例のスグカエレ*であるから、早速舎監(しゃかん)に話をして即日(そくじつ)帰省(きせい)した。何事が起ったかと胸に動悸(どうき)をはずませて帰って見ると、宵闇(よいやみ)の家の有様(ありさま)は意外に静かだ。台所で家中夕飯時であったが、ただそこに母が見えないばかり、何の変(かわ)った様子(ようす)もない。僕は台所へは顔も出さず、すぐと母の寝所(しんじょ)へ来た。行灯(あんどん)の灯(ひ)も薄暗く、母はひったり枕(まくら)に就(つ)いて臥(ふ)せっている。

□算術 산수, 산술 □解題 문제를 풂 □苦しむ 생각한 대로 되지 않아 애먹다, 고심하다 □小使 심부름하는 아이, 사환 □電報 전보 □机の端 책상 끝, 책상의 끄트머리 □去る 가다, 떠나다 □舎監 사감 □即日 그날, 당일 □帰省する 집에 돌아오다 □はずませる 숨을 가쁘게 하다 =はずます □宵闇 초저녁의 어두움, 땅거미 □有様 모습, 꼴 □変った様子 특이한 모습, 별다른 낌새 □寝所 침실, 침소 =寝室(しんしつ) □行灯の灯 등불 □ひったり 딱, 빈틈없이 =ぴったり □就く 붙다, 달라붙다 □臥せる 드러눕다

* **スグカエレ** '급 귀가 요망'. '곧 (집으로) 돌아오라'라는 의미로, 전보문은 가타카나로 간결하게 표기한다.

「お母さん、どうかしましたか」

「あア政夫、よく早く帰ってくれた。今私も起きるからお前御飯前なら御飯を済ましてしまえ」

僕は何の事かしきりに気になるけれど、母がそういうままに早々(そうそう)に飯を済まして再び母の所へ来る。母は帯(おび)を結(ゆ)うて蒲団の上に起きていた。僕が前に坐ってもただ無言でいる。見ると母は雨のような涙を落して俯向いている。

「お母さん、まアどうしたんでしょう」

僕の詞に励まされて母はようやく涙を拭き、

「政夫、堪忍してくれ……民子は死んでしまった……私が殺(ころ)したようなものだ……」

「そりゃいつです。どうして民さんは死んだんです」

僕が夢中(むちゅう)になって問(と)い返(かえ)すと、母は嗚咽(むせ)び返(かえ)って顔を抑えている。

□早々に 서둘러, 총총히 □帯を結う 허리띠를 매다 □殺す 죽이다 □夢中になる 정신이 없다, 몰두하다 □問い返す 다그치다, 되묻다 ＝聞(き)き返(かえ)す □嗚咽び返る 몹시 흐느끼다, 너무 목이 메다 〈～返る (동사 ます형에 붙어) 몹시 ～하다〉

「始終を聞いたら、定めしひどい親だと思うだろうが、こらえてくれ、政夫……お前に一言の話もせず、たっていやだと言う民子を無理に勧めて嫁にやったのが、こういうことになってしまった……たとい女の方が年上であろうとも本人同志が得心であらば、何も親だからとて余計な口出しをせなくもよいのに、この母が年甲斐もなく親だてらにいらぬお世話を焼いて、取返しのつかぬことをしてしまった。民子は私が手を掛けて殺したも同じ。どうぞ堪忍してくれ、政夫……私は民子の後追ってゆきたい……」

母はもうおいおいおいおい声を立てて泣いている。民子の死ということだけは判ったけれど、何が何やら更に判らぬ。

□**始終を聞く** 자초지종을 듣다 □**こらえる** 용서하다 □**たって** 굳이, 억지로 □**勧める** 권하다, 권장하다 □**嫁にやる** 시집 보내다 □**たとい～とも(ても)** 설령 ~라 하더라도, 비록 ~라도 ＝たとえ～とも(ても) □**得心** 마음으로부터 납득하는 것 □**余計** 쓸데없음, 부질없음 □**口出し** 말참견 ＝差(さ)し出口(でぐち) □**年甲斐** 나잇값, 나이 먹은 보람 □**～だてら(に)** ~답지 않게, ~인 주제에 〈신분이나 성별, 처지에 어울리지 않음을 나타냄〉 □**お世話を焼く** 참견하다, 돌봐주다 □**取返しのつかぬこと** 돌이킬 수 없는 일 □**手を掛ける** 직접 하다, 몸소 하다 □**追う** 따르다, 뒤쫓다 □**おいおい** 소리를 내서 우는 소리, 엉엉 □**声を立てる** 소리를 내다 □**死** 죽음↔生(せい) 삶 □**何が何やら** 뭐가 뭔지 □**更に** 더 한층, 더욱 더

僕とて民子の死と聞いて、失神(しっしん)するほどの思いであれど、今目の前で母の嘆(なげ)きの一通(ひととお)りならぬを見ては、泣(な)くにも泣(な)かれず、僕がおろおろしている所へ兄夫婦が出てきた。

「お母さん、まアそう泣いたって仕方がない」

といえば母は、かまわずに泣(な)かしておくれ泣かしておくれというのである、どうしようもない。

その間で嫂が僅(わず)かに話す所を聞けば、市川の某(それがし)という家で先の男の気性(きしょう)も知れているに財産(ざいさん)も戸村の家に倍以上(ばいいじょう)であり、それで向うから民子をたっての所望(しょもう)、媒妁人(なこうど)というのも戸村が世話になる人である、是非やりたい是非いってくれということになった。民子はどうでもいやだという。民子のいやだという精神(こころ)はよく判っているけれど、政夫さんの方は

□失神する 실신하다, 기절하다 □嘆き 탄식, 한탄 □一通りならぬ 범상치 않은, 심상치 않은 □泣くにも泣かれず 울고 싶어도 울 수 없고 □かまわずに 신경 쓰지 않고, 상관하지 않고 □泣かす 울리다 =泣かせる □僅かに 겨우, 간신히 □某 아무개, 모 □気性 기질, 타고난 성질 □財産 재산 □倍以上 배 이상 □たって (무리임을 알면서도) 강하게 남에게 바라는 모양, 굳이, 무리하게 □所望 부탁, 바라는 바 =望(のぞ)み □媒妁人 중매인 =媒人(なこうど)

年も違い先の永いことだから、どうでも某の家へやりたいとは、戸村の人達はもちろん親類までの希望(きぼう)であった。それでいよいよ斎藤のおッ母さんに意見(いけん)をして貰(もら)うということに相談が決(き)まり、それで家のお母さんが民子に幾度意見をしても泣いてばかり承知しないから、とどのつまり、お前がそう剛情(ごうじょう)はるのも政夫のところへ来たい考えからだろうけれど、それはこの母が不承知(ふしょうち)でならないよ、お前はそれでも今度の縁談が不承知か。こんな風に言われたから、民子はすっかり自分をあきらめたらしく、とうとう皆様のよいようにといって承知をした。それからは何(なに)もかも他(ひと)の言うなりになって、霜月半(しもつきなかば)に祝儀(しゅうぎ)をしたけれど、民子の心持が本当の承知でないから、向うでもいくらかいや気(き)になり、民子は身持(みもち)になったが、

□希望 희망　□意見をする 타이르다, 훈계하다　□決まる 정해지다, 결정되다　□とどのつまり (좋지 않은 경우에 써서) 결국, 종국에는 ＝あげくのはて　□剛情(を)はる 고집을 부리다　□不承知 승낙하지 않음 ＝不承(ふしょう)　□あきらめる 포기하다, 단념하다　□何もかも 모든 일, 이것도 저것도　□他 남 ＝他人(たにん)　□祝儀をする 혼례를 올리다　□いくらか 다소, 얼마간　□いや気になる 싫증이 나다　□身持 임신함 ＝身重(みおも)

六月(むつき)でおりてしまった。後の肥立(ひだ)ちが非常に悪く遂に六月十九日に息(いき)を引(ひ)き取(と)った。病中(びょうちゅう)僕に知らせようとの話もあったが、今更政夫に知らせる顔(かお)もないという訳から知らせなかった。家のお母さんは民子がまだ口をきく時から、市川へいっておって、民子がいけなくなると、もう泣いて泣いて泣きぬいた。一口(ひとくち)まぜに、民子は私が殺したようなものだ、とばかり言っていて、市川へ置いたではどうなるか知れぬという訳から、昨日車で家へ送(おく)られてきたのだ。話さえすれば泣く、泣けば私が悪かった悪かったと言っている。誰にも仕様(しよう)がないから、政夫さんの所へ電報(でんぽう)を打(う)った。民子も可哀相だしお母さんも可哀相だし、飛(と)んだことになってしまった。政夫さん、どうしたらよいでしょう。

□六月 6개월 □おりる 유산하다, (몸 밖으로) 나오다 □肥立ち 산후조리, 산모가 출산 후에 원래의 상태로 돌아오는 것 □息を引き取る 숨을 거두다, 죽다 □病中 병중 □顔もない 면목도 없다, 볼 낯도 없다 □いけない 가망이 없다, 그르다 □一口まぜ 한 마디 할 때마다 □送る 보내다, 전송하다 □仕様がない 어쩔 수가 없다, 어쩔 도리가 없다 □電報を打つ 전보를 치다 □飛んだこと 돌이킬 수 없는 일

嫂の話で大方(おおがた)は判ったけれど、僕もどうしてよいやらほとんど途方(とほう)にくれた。母はもう半気違(はんきちが)いだ。何(なに)しろここでは母の心(こころ)を静(しず)めるのが第一(だいいち)とは思ったけれど、慰(なぐさ)めようがない。僕だっていっそ気違いになってしまったらと思ったくらいだから、母を慰めるほどの気力(きりょく)はない。そうこうしているうちにようやく母も少し落着いてきて、また話し出した。

「政夫や、聞いてくれ。私はもう自分の悪党(あくとう)にあきれてしまった。何だってあんなひどいことを民子に言ったっけかしら。今更なんぼ悔(く)いても仕方がないけど、私は政夫……民子にこう言ったんだ。政夫と夫婦にすることはこの母が不承知だからお前は外(よそ)へ嫁に行け。なるほど民子は私にそう言われて見れば自分の身を諦(あきら)める外はない訳だ。どうしてあんな酷(むご)たらしいことを言ったのだろう。ああ可哀相な事をしてしまった。全く私が悪党をいうた為(ため)に民子は死んだ。お前はネ、

□ **大方** 대략, 대부분 =あらまし ■ **〜(の)やら** 〜지 〈いったいここに何をしにきたのやら分からない 도대체 이곳에 무엇을 하러 왔는지 모르겠다〉 □ **途方にくれる** 어찌할 바를 모르다 □ **半気違い** 반실성함, 또는 그런 사람 □ **何しろ** 여하튼, 어쨌든, 아무튼 □ **心を静める** 마음을 안정시키다, 마음을 진정시키다 □ **第一** 가장 급선무, 제일 중요함 □ **慰める** 위로하다, 달래다 □ **気力** 기력 □ **そうこう** 이럭저럭, 이리저리 □ **悪党** 사악함, 악함 □ **あきれる** 질리다, 기가 막히다 □ **〜っけ** 〜였지, 〜했지 □ **なんぼ〜ても** 아무리 〜해도 =いくら〜ても □ **悔いる** 후회하다, 뉘우치다 □ **酷たらしい** 잔혹하다, 비참하다 =惨(むご)たらしい

明朝(あした)は夜(よ)が明(あ)けたらすぐにいってよオく民子の墓(はか)に参(まい)ってくれ。それでお母さんの悪かったことをよく詫びてくれ。ねイ政夫」

僕もようやく泣くことができた。たといどういう都合があったにせよ、いよいよ見込(みこみ)がなくなった時には逢(あ)わせてくれてもよかったろうに、死んでから知らせるとは随分ひどい訳だ。民さんだって僕には逢いたかったろう。嫁にいってしまっては申し訳がなく思ったろうけれど、それでもいよいよの真際(まぎわ)になっては僕に逢いたかったに違いない。実に情(なさ)けない事だ。考えて見れば僕もあんまり子供であった。その後市川を三回も通りながらたずねなかったは、今更残念(ざんねん)でならぬ。

□**夜が明ける** 날이 밝다, 날이 새다 □**墓に参る** 성묘가다 □**たとい~にせよ** 설령 ~라 하더라도 □**見込** 가망, 희망 □**いよいよの真際** 임종 직전, 죽기 직전 □**情ない** 몰인정하다 □**~ながら(も)** (동사 ます형에 붙어 역접을 나타냄) ~하면서도 □**たずねる** 찾아가다, 찾다 □**残念** 후회, 유감

僕は民子が嫁にゆこうがゆくまいが、ただ民子に逢いさえせばよいのだ。今一目(ひとめ)逢いたかった……次(つぎ)から次(つぎ)と果(は)てしなく思いは溢れてくる。しかし母にそういうことを言えば、今度は僕が母を殺すようなことになるかも知れない。僕はきっと心を取り直した。

「お母さん、ほんとに民子は可哀相でありました。しかし取(と)って返(かえ)らぬことをいくら悔(くや)んでも仕方がないですから、後の事を懇(ねんご)ろにしてやる外はない。お母さんはただただ御自分の悪いようにばかりとっているけれど、お母さんとて精神(こころ)はただ民子のため政夫のためと一筋(ひとすじ)に思ってくれた事ですから、よしそれが思うようにならなかったとて、民子や私らが何(なに)とてお母さんを恨(うら)みましょう。お母さんの精神はどこまでも情心(なさけごころ)でしたものを、民子も決して恨んではいやしまい。

■ ～(よ)うが～まいが ～하든 ～하지 않든 〈今帰ろうが帰るまいが、私には関係ない 지금 돌아가든 돌아가지 않든 나에게는 관계없다〉 □一目 한 번 봄, 잠깐 봄 □次から次と 계속해서, 차례로 □果てしない 끝이 없다, 한이 없다 □きっと 다시금 □取って返る 돌이켜지다, 되돌려지다 □悔む 뉘우치다, 후회하다 □懇ろ 정성스러움, 극진함 □一筋に 한결같이, 오로지 □よし 비록, 설령 ＝たとえ □何とて 왜, 어떻게, 어찌하여 □恨む 원망하다, 미워하다 □情心 자애심, 동정심

何もかもこうなる運命(うんめい)であったのでしょう。私はもう諦めました。どうぞこの上(うえ)お母さんも諦めて下さい。明日(あす)の朝は夜が明けたらすぐ市川へ参ります」

母はなお詞を次(つ)いで、

「なるほど何もかもこうなる運命かも知らねど今度(こんど)という今度(こんど)私はよくよく後悔(こうかい)しました。俗(ぞく)に親馬鹿(おやばか)*という事があるが、その親馬鹿がとんでもない悪いことをした。親がいつまでも物の解ったつもりでいるが、大へんな間違(まちが)いであった。自分は阿弥陀様(あみださま)におすがり申(もう)して救(すく)うて頂く外に助かる道はない。政夫や、お前は体を大事にしてくれ。思えば民子はなが年の間にもついぞ私にさからったことはなかった、おとなしい子であっただけ、自分のした事が悔(く)いられてならない、

□**運命** 운명 □**この上** 이렇게 된 바에는 □**次いで** 잇따르다, 뒤따르다 □**今度という今度** 이번만큼은 □**よく** 충분히, 매우 □**後悔する** 후회하다 □**俗に** 흔히, 일반적으로 □**～つもりで** ～것처럼, ～인 듯 □**阿弥陀様** (불교의) 아미타불님 □**おすがり申す** 기대다, 간절하게 의지하다 □**救う** 구하다, 살리다 □**ついぞ** (뒤에 부정어가 와서) 여태까지 한 번도 □**さからう** 거역하다, 거스르다

* **親馬鹿** 팔불출 부모, 자식을 너무 귀여워하는 나머지, 자식의 결점을 보지 못하고 과대평가하는 것, 또는 그런 부모를 일컬음

どうしても可哀相でたまらない。民子がいまわの時の事もお前に話して聞かせたいけれど私にはとてもそれができない」

などとまた声(こえ)をくもらしてきた。もう話せば話すほど悲しくなるからとてしいて一同寝ることにした。

母の手前兄夫婦の手前、泣くまいとこらえてようやくこらえていた僕は、自分の蚊帳(かや)へ入り蒲団に倒(たお)れると、もうたまらなく一度にこみ上(あ)げてくる。口へは手拭(てぬぐい)を噛(か)んで、涙を絞(しぼ)った。どれだけ涙が出たか、隣室(りんしつ)の母から夜が明けたようだよと声を掛けられるまで、少しも止まず涙が出た。着たままで寝ていた僕はそのまま起きて顔を洗うや否や、まだほの暗(ぐら)いのに家を出る。夢のように二里の路を走って、太陽がようやく地平線(ちへいせん)に現(あらわ)れた時分に戸村の家の門前まで来た。この家の竈(かまど)のある所は庭から正面に見透(みとお)して見える。

□いまわ 임종 □声をくもらす 목소리를 흐리다 □しいて 억지로, 굳이 =おして □手前 바로 앞 □蚊帳 모기장 □倒れる 눕다, 쓰러지다 □こみ上げる 감정이 복받치다, 솟아오르다 □手拭 수건 □噛む 입에 물다, 악물다 □絞る 쥐어짜다 □隣室 옆방 □ほの暗い 어둑어둑하다 □地平線 지평선 ↔ 水平線(すいへいせん) 수평선 □現れる 드러내다, 나타내다 □竈 아궁이, 부뚜막 □見透す 멀리까지 한눈에 내다보다, 조망하다

朝炊(あさだ)きに麦藁(むぎわら)を焚(た)いてパチパチ音がする。僕が前の縁先(えんさき)に立つと奥にいたお祖母さんが、目敏(めざと)く見つけて出てくる。

「かねや、かねや、とみや……政夫さんが来ました。まア政夫さんよく来てくれました。大(たい)そう早く。さア上(あが)んなさい。起(お)き抜(ぬ)きでしょう。さア……かねや……」

民子のお父さんとお母さん、民子の姉さんも来た。

「まアよく来てくれました。あなたの来るのを待ってました、とにかくに上って御飯を食べて……」

僕は上りもせず腰もかけず、しばらく無言で立っていた。ようやくと、

「民さんのお墓に参りに来ました」

□**朝炊き** 아침을 지음 □**麦藁** 밀짚, 보리짚 □**焚く** 태우다, 불을 때다 □**パチパチ** 나무가 타는 소리, 타닥타닥 □**縁先** 마루 끝 □**目敏い** 눈치가 빠르다 □**大そう** 매우, 몹시 □**上んなさい** 들어오너라, 올라오너라 ＝上がりなさい □**起き抜き** 잠자리에서 막 일어남 〈起(お)き抜(ぬ)け의 방언〉

切なる様は目に余ったと見え、四人とも口がきけなくなってしまった。……やがてお父さんが、

「それでもまアちょっと御飯を済していったら……あアそうですか。それでは皆して参ってくるがよかろう……いや着物など着替えんでよいじゃないか」

女達は、もう鼻啜りをしながら、それじゃアとて立ちあがる。水を持ち、線香を持ち、庭の花を沢山に採る。小田巻草千日草天竺牡丹と各々手にとり別けて出かける。柿の木の下から背戸へ抜け槙屏の裏門を出ると松林である。桃畑梨畑の間をゆくと僅かの田がある。その先の松林の片隅に雑木の森があって数多の墓が見える。戸村家の墓地は冬青四、五本を

□**切なる** 간절한, 애절한 □**目に余る** 정도가 너무 심하여 가만히 보고 있을 수가 없다 □**四人** 네 사람 =四人(よにん) □**皆して** 모두 같이, 모두 함께 □**着替える** 옷을 갈아입다 〈着替えん → 着替える+ん(부정)〉 □**鼻啜りをする** 코를 훌쩍거림, 흐느껴 우는 것 =すすり泣(な)き □**立ちあがる** 일어서다 □**線香** 향 □**小田巻草** 매발톱꽃 □**千日草** 천일홍, 천일초 □**天竺牡丹** 달리아 □**各々** 저마다, 각자 =てんでん □**とり別ける** 나누어 가지다 □**槙屏** 노송나무 울타리 □**裏門** 뒷문 □**片隅** 한 구석, 한쪽 구석 □**雑木の森** 잡목림 □**数多** 많음, 허다함 □**家** 가, 집안 □**墓地** 묘지 =墓場(はかば) □**冬青** 감탕나무 =もち

中心として六坪(つぼ)ばかりを区別(くわ)けしてある。そのほどよい所の新墓(にいはか)が民子が永久(とわ)の住家(すみか)であった。葬(ほうむ)りをしてから雨にも逢わないので、ほんの新らしいままで、力紙(ちからがみ)*なども今結(むす)んだようである。お祖母さんが先に出(い)でて、

「さア政夫さん、何もかもあなたの手でやって下さい。民子のためにはほんに千僧(せんそう)の供養(くよう)にまさるあなたの香花(こうげ)、どうぞ政夫さん、よオくお参りをして下さい……今日は民子も定(さだ)めて草葉(くさば)の蔭(かげ)で嬉しかろう……なアこの人にせめて一度でも、目(め)をねむらない民子に……まアせめて一度でも逢わせてやりたかった……」

□ ～坪 ～평 〈1평은 약 3.3m^2임〉 □ 区別けする 갈라 나누다, 구분하다 □ ほどよい 적당하다, 알맞다 □ 新墓 새 무덤 □ 永久 영구, 영원 □ 住家 안주하는 곳, 거처 □ 葬り 매장, 장례 □ 結ぶ 묶다, 매다 □ 千層の供養 천승 공양, 천명의 스님을 불러 불경을 외고 공양을 하는 것 □ ～にまさる ～보다 낫다, ～보다 뛰어나다 □ 香花 향과 꽃 □ 定めて 틀림없이, 반드시 □ 草葉の蔭 무덤 속, 땅속, 저승 □ せめて 하다못해, 최소한, 적어도 □ 目をねむる 눈을 감다, 영면하다

* 力紙 힘이 세지기를 기원하여 인왕상(仁王像)을 향해 씹어 뭉쳐서 던지는 종이에서 유래한 것으로, 여기서는 소원을 비는 종이를 일컬음.

三人は眼(め)をこすっている様子。僕は香を上げ花を上げ水を注(そそ)いでから、前に蹲(うずくま)って心のゆくまで拝んだ。真に情けない訳だ。寿命(じゅみょう)で死ぬは致(いた)し方(かた)ないにしても、長く煩っている間に、あア見舞(みま)ってやりたかった、一目逢いたかった。僕も民さんに逢いたかったもの、民さんだって僕に逢いたかったに違いない。無理無理に強(し)いられたとはいえ、嫁にいっては僕に合わせる顔がないと思ったに違いない。思えばそれが愍然(びんぜん)でならない。あんな温和(おとな)しい民さんだもの、両親から親類中かかって強いられて、どうしてそれが拒まれよう。民さんが気の強い人ならきっと自殺(じさつ)をしたのだけれど、温和しい人だけにそれもできなかったのだ。民さんは嫁にいっても僕の心に変りはないと、せめて僕の口から一言いって死なせたかった。世(よ)の中(なか)に情けないといってこういう情けないことがあろうか。もう私も生(い)きていたくない……吾知らず声を出して僕は両膝(りょうひざ)と両手を地(じ)べたへ突(つ)いてしまった。

□眼をこする 눈을 비비다 □注ぐ 따르다, 붓다 □蹲う 웅크리고 앉다, 쭈그리고 앉다 □寿命 목숨의 길이, 수명 □致し方がない 하는 수 없다 □～にしても ～라 하더라도, ～라 쳐도 □見舞う 문병하다, 위문하다 □強いる 강요하다 □愍然 가엾음, 딱함 □～から～(に)かかって ～부터 ～에 이르기까지 □自殺をする 자살하다 □世の中 세상 □生きる 살다, 목숨을 지니다 □両膝 양 무릎 □地べたへ突く 땅바닥을 짚다, 땅바닥에 대다

僕の様子を見て、後ろにいた三人がどんなに泣いたか。僕も吾一人でないに気がついてようやく立ちあがった。三人の中の誰がいうのか、

「なんだって民子は、政夫さんということをば一言も言わなかったのだろう……」

「それほどに思(おも)い合(あ)ってる仲と知ったらあんなに勧めはせぬものを」

「うすうすは知れていたのだに、この人の胸も聞いて見ず、民子もあれほどいやがったものを……いくら若いからとてあんまりであった……可哀相に……」

三人も香花を手向(たむ)け水を注いだ。お祖母さんがまた、

「政夫さん、あなた力紙を結んで下さい。沢山結んで下さい。民子はあなたが情(なさけ)の力(ちから)を便(たよ)りにあの世へゆきます。南無(なむ)阿弥陀仏(あみだぶつ)、南無阿弥陀仏」

□なんだって 어째서, 왜 □思い合う 서로 생각하다 □うすうす 어렴풋이, 희미하게 □手向け 죽은 이의 영전에 제물을 올림 □情の力 자비로운 힘, 연정의 힘 □便りに 의지하여, 기대어 〈원래는 頼りに가 맞는 표기임〉 □南無阿弥陀仏 나무아미타불

僕は懐にあった紙の有りたけを力杖*に結ぶ。この時ふっと気がついた。民さんは野菊が大変好きであったに野菊を掘ってきて植えればよかった。いやすぐ掘って植えよう。こう考えてあたりを見ると、不思議に野菊が繁ってる。弔いの人に踏まれたらしいがなお茎立って青々としている。民さんは野菊の中へ葬られたのだ。僕はようやく少し落着いて人々と共に墓場を辞した。

僕は何にもほしくありません。御飯はもちろん茶もほしくないです、このままお暇願います、明日はまた早く上りますからといって帰ろうとすると、家中で引留める。民子のお母さんはもうたまらなそうな風で、

□植える (나무 등을) 심다 □弔い 문상, 애도 □茎立つ 줄기가 돋아나다, 뻗어나다 □葬る 묻다, 매장하다 □墓場 묘지 =墓地(ぼち) □辞する 물러나다, 떠나다 □お暇 인사드리고 물러감, 작별함 □引留める 만류하다, 붙잡다

* 力杖 힘지팡이. 죽은 사람이 무사히 극락에 갈 수 있도록 묘지 주위에 세워 놓는 지팡이로, 대개 푸른 대나무를 반으로 갈라 끝에 力紙를 매단다.

「政夫さん、あなたにそうして帰られては私らはいてもたってもいられません。あなたが面白くないお心持は重々(じゅうじゅう)察しています。考えてみれば私共(ども)の届かなかったために、民子にも不憫な死(し)にようをさせ、政夫さんにも申し訳のないことをしたのです。私共はいかようにもあなたにお詫(わ)び致します。民子可哀相と思召(おぼしめ)したら、どうぞ民子がいまわの話も聞いて行って下さいな。あなたがお出(い)でになったら、お話し申すつもりで、今日はお出でか明日はお出でかと、実は家中がお待ち申したのですからどうぞ……」

そう言われては僕も帰る訳にゆかず、母もそう言ったのに気がついて座敷へ上った。茶や御飯やと出されたけれど真似(まね)ばかりで済ます。その内に人々皆奥へ集(あつま)りお祖母さんが話し出した。

□ いてもたってもいられない 이러지도 저러지도 못하다, 어찌할 바를 모르다 □ 重々 충분히, 아주 □ 死によう 죽음, 죽을 때의 모습 □ いかようにも 어떻게든, 어떤 방식으로든 □ 詫び 사죄, 사과 □ 思召す 생각하시다, 마음 쓰시다 ■ ~訳にはゆかず ~할 수가 없다 〈困った人を見て見ぬふりをする訳にはいかない 곤경에 처한 사람을 보고 못 본 척할 수는 없다〉 =訳にはいかない □ 真似 흉내, 시늉 □ 集る 모이다

「政夫さん、民子の事については、私共一同誠に申し訳がなく、あなたに合(あわ)せる顔がないのです。あなたに色々御無念なところもありましょうけれど、どうぞ政夫さん、過ぎ去った事と諦めて、御勘弁(かんべん)を願います。あなたにお詫びをするのが何より民子の供養(くよう)になるのです」

僕はただもう胸一ぱいで何も言うことができない。お祖母さんは話を続ける。

「実はと申すと、あなたのお母さん始(はじ)め、私また民子の両親とも、あなたと民子がそれほど深い間(なか)であったとは知らなかったもんですから」

僕はここで一言いいだす。

「民さんと私と深い間とおっしゃっても、民さんと私とはどうもしやしません」

□合せる顔がない 볼 면목이 없다, 대할 낯이 없다 □勘弁 용서, 용서함 □供養 공양 □～(を)始め ～을 비롯하여

「いイえ、あなたと民子がどうしたと申すではないのです。もとからあなたと民子は非常な仲好しでしたから、それが判らなかったんです。それに民子はあの通りの内気な子でしたから、あなたの事は一言も口に出さない。それはまるきり知らなかったとは申されません。それですからお詫びを申すような訳……」

僕は皆さんにそんなにお詫びを言われる訳はないという。民子のお父さんはお詫びを言わしてくれという。

「そりゃ政夫さんの言うのは御もっともです、私共が勝手なことをして、勝手なことをお前さんに言うというものですが、政夫さん聞いて下さい、理窟の上のことではないです。男親の口からこんなこと言うもいかがですが、民子は命に替えられない思いを捨てて両親の希望に従ったのです。親のいいつけで背かれないと思うても、道理で感情を抑えるは無理なところもありましょう。民子の死は全くそれ故ですから、

□内気 내성적 □口に出す 입 밖으로 내다, 말하다 □まるきり (뒤에 부정어가 와서) 전혀, 전적으로 =まるっきり □言わす 말하게 하다 =言わせる □お前さん 자네 〈お前보다 더 친숙한 느낌을 줌〉 □男親 아버지↔女親(おんなおや) 어머니 □命に替える 목숨을 바꾸다 □捨てる 버리다 □従う 따르다, 순종하다 □背く 어기다, 거역하다, 반항하다 □感情を抑える 감정을 억누르다

親(おや)の身(み)になって見ると、どうも残念でありまして、どうもしやしませんと政夫さんが言う通り、お前さんたち二人に何の罪もないだけ、親の目からは不憫が一層でな。あの通り温和しかった民子は、自分の死ぬのは心柄(こころがら)とあきらめてか、ついぞ一度不足(ふそく)らしい風も見せなかったです。それやこれやを思いますとな、どう考えてもちと親が無慈悲(むじひ)であったようで……。政夫さん、察して下さい。見る通り家中がもう、悲しみの闇(やみ)に鎖(とざ)されているのです。愚(おろ)かなことでしょうがこの場合お前さんに民子の話を聞いてもらうのが何よりの慰藉(なぐさめ)に思われますから、年がいもないこと申すようだが、どうぞ聞いて下さい」

　お祖母さんがまた話を続ける。結婚の話からいよいよむずかしくなったまでの話は嫂が家での話と同じで、いまわという日の話はこうであった。

□ **親の身** 부모의 입장　□ **心柄** 타고난 마음씨, 성질 〈여기서는 타고난 운명을 말함〉 =気立(きだて)
□ **それやこれや** 이것저것　□ **ちと** 다소, 조금, 약간 =ちっと　□ **無慈悲** 무자비　□ **闇** 어둠, 암흑
□ **鎖される** 갇히다, 잠기다, 가려지다　□ **愚か** 어리석음, 미련함　□ **慰藉** 위안 =慰(なぐさ)め

「六月十七日の午後に医者がきて、もう一日二日のところだから、親類などに知らせるならば今日中にも知らせるがよいと言いますから、それではとてとりあえずあなたのお母さんに告(つ)げると十八日の朝飛んできました。その日は民子は顔色がよく、はっきりと話も致しました。あなたのおっかさんが来まして、民や、決して気を弱くしてはならないよ、どうしても今一度治(なお)る気になっておくれよ、民や……民子はにっこり笑顔(えがお)さえ見せて、矢切のお母さん、いろいろありがとうございます。長々(ながなが)可愛がって頂いた御恩(おん)は死んでも忘れません。私も、もう長いことはありますまい。民や、そんな気の弱いことを思ってはいけない。決してそんなことはないから、しっかりしなくてはいけないと、あなたのお母さんが言いましたら、民子はしばらく経って、矢切のお母さん、私は

□それではとて 그렇다면이라며, 그렇다면 하고 생각하여　□とりあえず 일단, 우선　□告げる 고하다, 알리다　□治る (병이) 낫다　□にっこり 싱긋, 방긋　□笑顔 웃는 얼굴　□長長 오랫동안　□恩 은혜

死ぬが本望(ほんもう)であります、死ねばそれでよいのです……といいましてからなお口の内で何か言ったようで、何でも、政夫さん、あなたの事を言ったに違いないですが、よく聞(き)きとれませんでした。それきり口はきかないで、その夜の明方(あけがた)に息(いき)を引取(ひきと)りました……。それから政夫さん、こういう訳です……夜が明けてから、枕(まくら)を直させます時、あれの母が見つけました、民子は左の手に紅絹(もみ)の切(き)れに包んだ小さな物を握(にぎ)ってその手を胸(むね)へ乗(の)せているのです。それで家中の人が皆集ってこれをどうしようかと相談しましたが、可哀相なような気持もするけれど、見ずに置くのも気(き)にかかる、とにかく開いて見るがよいと、あれの父が言い出しまして、皆のいる中で開けました。それが政さん、あなたの写真とあなたのお手紙でありまして……」

□本望 본래의 희망, 숙원 □聞きとれる 알아듣다, 이해되다 □明方 새벽녘, 동틀 녘 ↔ 暮方(くれがた) 해질 녘 □息を引取る 숨을 거두다, 죽다 □枕 베개 □紅絹の切れ 붉은 비단 조각 □握る (손으로) 쥐다, 잡다 □胸に乗せる 가슴에 얹다 □気にかかる 마음에 걸리다

お祖母さんが、泣き出して、そこにいた人皆涙を拭いている。僕は一心に畳(たたみ)を見(み)つめていた。やがてお祖母さんがようよう話を次ぐ。

「そのお手紙をお富(とみ)が読みましたら、誰(だれ)も彼(かれ)も一度に声を立って泣きました。あれの父は男ながら大声(おおごえ)して泣くのです。あなたのお母さんは、気(き)がふれはしないかと思うほど、口説(くど)いて泣く。お前達二人がこれほどの語(かた)らいとは知らずに、無理無体(むりむたい)に勧めて嫁にやったは悪かった。あア悪いことをした、不憫だった。民や、堪忍して、私は悪かったから堪忍してくれ。にわかの騒(さわ)ぎですから、近隣(きんじょ)の人達が、どうしましたといって尋(たず)ねにきたくらいでありました。それであなたのお母さんはどうしても泣き止まないです。体(からだ)に障(さわ)ってはと思いまして葬式(そうしき)が済(す)むと車で御送り申した次第です。身を

□ **畳** 다다미　□ **見つめる** 바라보다, 응시하다　□ **ようよう** 간신히, 가까스로 ＝ようやく　□ **誰も彼も** 모두, 전원　□ **大声** 큰 소리　□ **気がふれる** 실성하다, 정신이 돌다　□ **口説く** 지루하게 반복해서 말하다, 끊임없이 한탄의 말을 하다　□ **語らい** 남녀 간의 사이, 남녀 간의 언약(맹세) ＝ちぎり　□ **無理無体に** 터무니없는 억지로　□ **近隣** 이웃 ＝近所(きんじょ)　□ **体に障る** 몸을 해치다　□ **葬式が済む** 장례가 끝나다

諦めた民子の心持が、こう判って見ると、誰も彼も同じことで今更のように無理に嫁にやった事が後悔され、たまらないですよ。考えれば考えるほどあの子が可哀相で可哀相でいてもたってもいられない……せめてあなたに来て頂いて、皆が悪かったことを十分あなたにお詫びをし、またあれの墓にも香花をあなたの手から手向けて頂いたら、少しは家中の心持も休(やす)まるかと思いまして……今日のことをなんぼう待ちましたろ。政夫さん、どうぞ聞(き)き分(わ)けて下さい。ねイ民子はあなたにはそむいてはいません。どうぞ不憫と思うてやって下さい……」

一語一句(いちごいっく)皆涙で、僕も一時(いちじ)泣(な)きふしてしまった。民子は死ぬのが本望だと言ったか、そう言ったか……家の母があんなに身を責(せ)めて泣かれるのも、そのはずであった。僕は、

□**休まる** 심신이 편안해지다 □**なんぼう** 얼마나 = いくら □**聞き分ける** 이해하다, 납득하다 □**そむく** 등지다, 등을 돌리다 □**一語一句** 한마디 한마디, 한마디 한구절 □**一時** 잠시, 잠깐 □**責める** 책망하다, 꾸짖다

「お祖母さん、よく判りました。私は民さんの心持はよく知っています。去年の暮、民さんが嫁にゆかれたと聞いた時でさえ、私は民さんを毛ほども疑わなかったですもの。どのようなことがあろうとも、私が民さんを思う心持は変りません。家の母などもただそればかり言って嘆いていますが、それも皆悪気(わるぎ)があっての業(わざ)でないのですから、私はもちろん民さんだって決して恨(うら)みに思やしません。何もかも定(さだ)まった縁(えん)と諦めます。私は当分毎日お墓へ参ります……」

話しては泣き泣いては話し、甲一語乙一語(こういちごおついちご)いくら泣いても果てしがない。僕は母のことも気にかかるので、もうお昼だという時分に戸村の家を辞した。戸村のお母さんは、民子の墓の前で僕の素振りがあまり痛(いた)わしかったから、途中(とちゅう)が心配になるとて、自分で矢切の入口まで送ってきてくれた。

□**悪気** 악의, 나쁜 의도　□**業** 소행, 짓　□**恨み** 원망, 원한　□**定まった縁** 정해진 운명, 정해진 인연　□**甲一語乙一語** 갑이 한마디 을이 한마디 〈누구라 할 것 없는 모든 사람이 한마디씩 한다는 뜻임〉 □**痛わしい** 가슴이 아프다, 애처롭다　□**途中** 도중

民子のあわれなことはいくら思うても思いきれない。いくら泣いても泣ききれない。しかしながらまた目の前の母が、悔悟(かいご)の念(ねん)に攻(せ)められ、自ら大罪(たいざい)を犯(おか)したと信じて嘆いているあわれさを見ると、僕はどうしても今は民子を泣いてはいられない。僕がめそめそしておったでは、母の苦しみは増(ま)すばかりと気がついた。それから一心に自分で自分を励まし、元気をよそおうてひたすら母を慰める工夫をした。それでも心にない事は仕方のないもの、母はいつしかそれと気がついてる様子、そうなっては僕が家にいないより外(ほか)はない。

□ **悔悟の念** 죄책감, 잘못을 뉘우치고 깨닫는 마음 □ **攻められる** 시달리다, 공격당하다 □ **大罪を犯す** 큰 죄를 범하다, 대죄를 범하다 □ **めそめそ** 소리 없이 또는 낮은 소리로 우는 모양, 훌쩍훌쩍 □ **増す** 늘다, 불어나다, 증가하다↔減(へ)る 줄다 □ **よそおう** 가장하다, 체하다 □ **ひたすら** 오로지, 오직 ■ **～より外はない** ～가 최상이다, ～보다 나은 것은 없다 〈体調(たいちょう)を崩(くず)したときには医者(いしゃ)に見てもらうより外はない 몸이 아플 때에는 의사에게 진찰 받는 것이 제일 좋다〉

毎日七日(なぬか)の間市川へ通って、民子の墓の周囲(しゅうい)には野菊が一面に植えられた。その翌(あ)くる日に僕は十分母の精神(せいしん)の休まるように自分の心持を話して、決然(けつぜん)学校へ出た。

*　　　*　　　*

民子は余儀なき結婚をして遂に世(よ)を去(さ)り、僕は余儀なき結婚をして長(なが)らえている。民子は僕の写真と僕の手紙とを胸を離(はな)さずに持っていよう。幽明遙(ゆうめいはる)けく隔(へだ)つとも僕の心は一日も民子の上を去らぬ。

□**周囲** 주위 □**決然** 결연함, 단호함 □**世を去る** 세상을 떠나다 □**長らえる** 오래도록 살다 □**離す** 떼다, 옮기다 □**幽明** 유명, 저승과 이승 □**遥けく** 까마득히, 멀리 □**隔つ** 멀어지다, 사이가 소원해지다 ＝隔(へだ)たる

본문 해석

본문과 대조하면서 확인해 보시기 바랍니다.

野菊の墓 들국화의 무덤

p.12 음력 9월 13일 무렵이 다가오면 도저히 기억이 되살아나 견딜 수가 없다. 어린 탓이라고는 생각하지만 아무래도 잊을 수가 없다. 이미 10여 년도 더 지난 옛날 일이라 자세한 일은 대부분 기억하지 못하지만, 마음만은 아직도 어제처럼,

p.13 그때 일을 생각하노라면, 정말로 당시의 심정으로 되돌아가 눈물이 한없이 솟아오른다. 슬프기도 하고 즐겁기도 한 듯한 상태로, 잊어야지 하고 생각한 적도 없지는 않지만, 오히려 계속 반복해서 생각하면 몽환적인 흥미를 탐하게 되는 일이 많다. 그런 연유에서 글로 좀 써 둘까 하는 생각이 든 것이다.

우리집은 마츠도에서 2리(약 8km) 정도 내려가, 야기리 나루터를 동쪽으로 건너, 약간 높은 언덕 위에 위치한 역시 야기리 촌이라 불리는 곳이다. 야기리의 사이토라고 하면 이 근방에서는 유지로, 사토미 가문의 몰락 후 두세 명이

p.14 이곳으로 도망와서 농사꾼이 되었는데, 그들 중의 하나가 사이토였다는 말을 할아버지께 들었다. 저택 서쪽에 10장 5, 6척(약 4.5~4.8m)이나 될 법한 모밀잣밤나무 네다섯 그루가 서로 얽혀 서 있다. 마을에서 가장 울창한 숲으로 온 마을 사람들로부터 부러움을 사고 있다. 옛날부터 아무리 폭풍우가 몰아쳐도, 이 모밀잣밤나무 숲 덕에 우리 집만은 단 한 번도 지붕이 벗겨진 적이 없다고 한다. 집도 꽤 오래되었고 기둥도 모두 모밀잣밤나무다. 그것이 또한 그을음이며 때로 무슨 나무인지 분간이 가지 않을 정도이고, 연기에서 가장 먼 곳인 집 제일 안쪽 방도 천장 널빤지가 마치 기름에 갠 먹물로 칠한 것처럼 나뭇결도 분간할 수 없을 정도로 까맣다. 그래도

p.15 집의 중심부는 비교적 높아서 간단한 통풍창도 있고 구리로 된 못가리개 같은 것도 박혀 있다. 그 못가리개가 엄청나게 커다란 기러기였다. 물론 잠깐 보아서는 나무인지 금속인지도 모를 정도로 낡았다.

내 어머니도 선조들의 전설이라며, 이 전국시대의 유물 같은 고가(古家)를 대단히 자랑스러워하셨다. 그 무렵 어머니는 부인병으로 오랫동안 앓고 계셨는데, 검정 칠을 한 것 같은 안쪽 방 하나가 늘 어머니의 병상이 되어 있었다. 그 옆의 다다미 10장짜리 방 남쪽 구석에, 다다미 2장짜리 작은 방이 있다. 내가 없을 때는 베 짜는 방으로, 내가 있는 동안은 나의 공부방으로 쓰고 있었다. 창의 장지문을 열고 고개를 내밀면, 모밀잣

밤나무 가지가 파란 하늘을 가로막으며 북쪽을 뒤덮고 있다.

p.16 어머니가 오랫동안 병상에 누워 계셨기 때문에, 이치카와에 사는 친척으로 내게는 먼 사촌뻘 되는 타미코라는 여자 아이가 집안일도 거들 겸 어머니 간호도 할 겸 해서 와 있었다. 내가 지금 잊을 수 없다고 하는 것은, 그 타미코와 나와의 관계다. 관계라고 해도 나는 타미코와 저속한 관계를 맺은 것은 아니다.

나는 초등학교를 막 졸업했을 무렵으로, 열다섯, 달수를 세면 열셋 하고 몇 개월일 무렵, 타미코는 열일곱이었지만 그것도 생일이 늦어 열다섯 하고 몇 달밖에 되지 않는다. 무척 말랐지만 얼굴은 둥근 편으로, 맑게 비쳐 보일 정도로 흰 피부에 붉은빛을 띤 정말이지 윤기가 좋은 아이였다. 언제나 생기있고 활기차고, 그러면서도 소심하고 미운 구석이라곤 조금도 없는 아이였다.

p.17 물론 나와는 아주 사이가 좋아, 응접실을 청소한다며 내가 있는 곳을 들여다보고, 장지문을 턴다며 내 방으로 들어와, 나도 책을 읽고 싶다는 등 글자 연습을 하고 싶다는 등 하고 말한다. 때로는 먼지떨이 손잡이로 내 등을 찌르거나, 내 귀를 잡아당기거나 하고서는 도망간다. 나도 타미코의 모습을 보면 어서 오라고 하며, 둘이서 노는 것이 무엇보다 재미있었다.

p.18 어머니에게 늘 꾸중을 듣는다.

"타미는 또 마사 방에 들어갔구나. 얘야, 빨리빨리 청소를 끝내 버리거라. 이제부턴 마사의 독서를 방해해선 안 돼. 타미는 나이도 많으면서……."

라는 등 자주 잔소리를 하지만, 사실은 어머니도 타미코를 대단히 귀여워하셔서 잔소리가 전혀 통하지 않는다. "나한테도 글자 연습을 좀 시켜 줘……."라며 타미코는 가끔 떼를 쓴다. 그럴 때의 어머니의 잔소리도 정해져 있다.

"타미는 글자 연습보다 재봉을 배워야 해. 옷을 만족스럽게 짓지 못하면 어엿한 성인 여자로서 시집을 못 간단다."

p.19 이 무렵 내게 한 점의 사심도 없었던 것은 물론이지만, 타미코 쪽도 이상한 생각 따윈 조금도 없었음에 틀림없다. 그러나 어머니가 자주 잔소리를 하는데도 불구하고, 타미코는 여전히 아침이다, 점심이다 하며 나를 부르러 온다. 부르러 올 때마다 서둘러 들어와서는, 책을 보여 달라는 등 붓을 빌려 달라는 등 하고서는 잠시 논다. 그 사이에도 어머니 약을 가져다 드리고 돌아갈 때나, 어머니 심부름을 마치고 돌아갈 때

는, 반드시 내 방에 들어온다. 나도 타미코가 들여다보지 않는 날은 왠지 쓸쓸하고 어쩐지 허전한 생각이 들었다. 타미는 오늘 뭘 하고 있을까라는 생각이 들면 무심코 공부방을 나선다. 타미코를 보러 간다고 할 정도의 마음은 아니지만, 잠깐 타미코가 눈에 띄면 마음이 안정되는 것이었다. '뭐야, 역시 타미코를 보러 온 거잖아.'라고 스스로 자신을 비웃는 듯한 일이 종종 있었던 것이다.

p.20 마을의 어떤 집에 샤미센을 연주하는 맹인이 머무르니까 들으러 가지 않겠느냐, 노래꾼들이 왔으니 들으러 가자는 등 근처 여자들이 권해도, 타미코는 어떻게든 거절을 하고 결코 집을 나서지 않는다. 이웃 마을 축제에 불꽃놀이랑 장신구가 있다며 예의 맞은편 집 오하마와 옆집 오센 등이 호들갑을 떨며 보러 간다고 하는데다가, 우리 집 일꾼들마저 "타미도 같이 가서 보고 오면 어때?"라고 말해도 타미코는 어머니의 병을 핑계로 가지 않는다. 나도 그런 곳에 가는 건 너무 싫었기 때문에 집에 있는다. 타미코는 살금살금 내 방으로 들어와 작은 소리로, "나는 집에 있는 게 제일 재미있어."라고 말하며 생긋 웃는다.

p.21 나도 어쩐지 타미코를 그런 곳에 보내고 싶지 않았다. 나는 사흘 건너 나흘 건너로 어머니의 약을 받으러 마츠도에 간다. 어찌어찌하다 보면 귀가가 늦어진다. 타미코는 세 번이고 네 번이고 뒤편 언덕 위까지 나와 나루터 쪽을 보고 있었다며 늘 온 집안사람들에게 놀림을 받는다. 타미코는 정색을 하며, "어머니께서 걱정하시면서 보고 오너라 보고 오너라 하셔서 그래요."라고 변명을 한다. 집안사람들은 모두 소곤소곤 웃고 있다는 것이었다.

그런 이유로 농사일을 거드는 오마스 같은 사람은 공연히 타미코를 얄미워해서 툭하면,

"타미코는 마사오한테만 가고 싶어 해, 틈만 나면 마사오한테 달라붙어 있어."

p.22 라는 등 계속해서 소문을 퍼트린 듯, 옆집 사는 오센이랑 건너편 오하마까지 이러쿵저러쿵 이야기를 한다. 이것을 들었는지 형수가 어머니에게 귀띔을 한 듯, 어느 날 어머니는 여느 때와는 달리 언짢은 얼굴을 하고 우리 둘을 머리맡으로 불러서는 의미심장한 꾸지람을 하셨다.

"남자고 여자고 열다섯여섯이 되면 더 이상 아이가 아니란다. 너희 둘도 사이가 너무 좋다고 남들이 이러쿵저러쿵 말한다더라. 조심해야 한단다. 타미코가 나이가 더 많으면서 좋지 않아. 이제부터는 더는 절대로 마사오한테 가거나 해서는 안 돼. 내 자식

을 봐 주는 건 아니지만 마사는 아직 어린애야. 타미는 열일곱이잖니? 쓸데없는 소문이 퍼지면 네 신상에 흠집이 난단다. 마사오 너도 조심해라……. 다음 달부터 치바에 있는 중학교에 들어가잖니?"

p.23 타미코는 나이도 많고 또한 어떤 목적이 있어서 내 방에 드나드는 것이라고 어머니가 생각하고 계신다고 눈치를 챘는지, 아주 부끄러워하는 모습으로 얼굴이 새빨개져서 고개를 숙이고 있다. 평소에는 어머니에게 약간 잔소리를 들어도 꽤나 억지를 부리거나 하는데, 이날은 그저 양손을 짚고 고개를 숙인 채 한마디도 하지 않는다. 아무 거리낄 게 없는 나는 꽤나 투덜거리며,

"엄마, 그건 정말 억지예요. 남들이 뭐라 한들 우리는 아무런 이유도 없는데 뭔가 대단히 나쁜 짓이라도 한 것같은 꾸지람 아니에요? 엄마도 항상 그렇게 말씀하셨잖아요? '타미코와 너는 형제나 마찬가지다, 엄마 눈에는 너도 타미코도 조금도 차이가 없어, 사이좋게 지내렴' 하고 늘 말씀하셨잖아요?"

p.24 어머니의 걱정도 일리 있는 것이지만, 우리도 그런 불쾌한 말을 들으리라고는 조금도 생각하지 않았기 때문에, 내 불평도 어느 정도의 일리는 있는 것이다. 어머니는 갑자기 상냥해지시며,

"너희한테 아무 일도 없다는 건 엄마도 알고 있지만 말이야, 남들 입이 시끄러우니까, 단지 이제부터 조금 신경을 쓰라는 말이란다."

창백한 어머니의 얼굴에도 어느덧 우리를 진심으로 귀여워하시는 미소가 떠올라 있다. 이윽고,

"타미는 다시 그 약 좀 가져오고, 그리고 바느질하다 만 겹옷을 오늘 중으로 마무리해 놓거라……. 마사는 일어선 김에 꽃을 꺾어 불단에 올리거라. 국화는 아직 안 피었을까? 그럼 개미취라도 꺾어 주렴."

p.25 당사자들은 아무 생각도 없는데 남들이 이러쿵저러쿵 말하니 오히려 순수하게 지낼 수 없도록 만들어 버린다. 나는 어머니의 잔소리도 하루밖에 기억하지 못한다. 이삼 일 지나 '타미는 요즘 왜 안 오는 걸까?'라고 생각했을 정도였는데, 타미코 쪽은 그때부터 태도가 싹 바뀌어 버렸다.

타미코는 그 후 내 근처에는 얼굴을 일체 내밀지 않을 뿐만 아니라, 응접실 안에서 우연히 마주쳐도 다른 사람들이 있는 앞에서는 쉽사리 말도 하지 않는다. 왠지 쑥스러운 듯, 눈부신 듯한 모습으로 서둘러 지나가 버린다. 부득이하게 말할 때에도 지금까지의

p.26 격의 없고 스스럼없는 식이 아니라, 대단히 정중하게 격식을 갖추어 말을 하는 것이다. 때로는 내가 너무나 갑자기 격식 차린 것을 이상해 하며 웃으면, 타미코도 결국에는 소매로 웃음을 감추며 달아나 버리는 식으로, 어쨌든 한 겹의 울타리가 둘 사이에 생긴 것 같은 기분이 들었다.

하지만 어느 날 4시가 지나 어머니 심부름으로 내가 집 뒤쪽의 가지밭에서 가지를 따고 있노라니, 어느샌가 타미코가 소쿠리를 손에 들고 내 뒤에 와 있었다.

"마사오……."

불쑥 부르고 웃고 있다.

p.27 "나도 어머니 심부름으로 온 거야. '오늘 바느질은 어깨가 뻐근하지? 조금 쉬면서 가지를 따 오렴. 내일 가지절임을 담글 거니까.' 하고 어머니가 말씀하셔서 나 뛰어왔어."

타미코는 아주 기쁜 듯 기운이 넘쳐나는 모습이라, 내가

"그럼 내가 먼저 와 있는 걸 타미는 모르고 온 거야?"

라고 말하자 타미코는

"몰랐고 말고."

싱글벙글하며 가지를 따기 시작한다.

p.28 가지밭이라고 하면 모밀잣밤나무 숲 아래에서 덤불을 한 겹 빠져나와 집에서 서북쪽에 위치한 뒤뜰 채소밭을 말한다. 절벽 위라서 토네강은 물론이고 나카강까지도 어렴풋이 보이고, 무사시 일대가 멀리 내려다보인다. 치치부에서 아시가라와 하코네의 산들, 후지산의 높은 봉우리도 보인다. 도쿄에 있는 우에노 숲이라는 것도 그럴듯하게 보인다. 물처럼 맑디맑은 가을 하늘, 해는 한 간 반(약 2.73m) 정도 떨어진 근처에 기울어, 우리 둘이 서 있는 가지밭을 정면으로 비추고 있다. 근처 일대가 아주 조용하고 또한 너무나도 선명한 경치, 우리 둘은 정말로 그림 속에 있는 사람들이다.

p.30 "와, 정말 멋진 경치야."

타미코도 잠시 손을 놓고 일어섰다.

나는 여기에서 고백하건데, 이때의 나는 확실히 열흘 전의 내가 아니었다. 둘은 이때 결코 순수한 친구는 아니었다. 어느새 그런 마음이 생겼는지 나로서는 전혀 알 수 없었지만, 역시 어머니에게 꾸지람을 들은 무렵부터 내 가슴속에도 자그마한 사랑의 싹이 얼마간 움트기 시작하고 있었음에 틀림없다. 내 정신 상태가 어느샌가 변화된 것

은 숨길 수 없는 사실이다. 이날 처음으로 타미코를 여자로 생각한 것이, 내게 사심이 생겼다는 모엇보다 확실한 증거가 아니고 무엇이랴.

p.31 타미코가 몸을 구부정하게 구부리고 가지를 계속 따고 있는 그 옆얼굴을 보고, 새삼스럽게 타미코가 아름답고 귀엽다는 것을 알았다. 지금까지도 귀엽다고 생각하지 않은 적은 없었지만, 오늘은 마음속 깊이 절실하게 그 아름다움을 느꼈다. 윤기 있는 귀밑머리에 부드럽게 감싸인 귓불, 통통한 볼의 하얗고 선명한, 동그란 턱 선의 사랑스러움, 목 언저리의 너무나도 맑은 연보랏빛 덧깃과 달개비꽃 물들인 어깨끈 등, 그것들이 모두 우아하게 눈에 비쳤다. 그러자 두렵게도 말을 하려 해도 마음먹은 대로는 말할 수 없게 되고, 부끄럽고 쑥스러워진다, 모두 예의 그 사랑의 싹의 작용으로부터 일어나는 일일 것이다.

p.32 요 열흘 정도 둘 사이를 갈라놓는 응어리가 생겨 변변히 이야기도 못했기 때문에, 이 또한 지금까지라면 물론 그런 일은 생각도 못했을 것임에 틀림없지만, 오늘은 여기서 뭔가 말하지 않으면 안 될 것 같은 기분이 들었다. 나는 처음에 아무렇지도 않게 '타미!' 하고 불렀지만, 그 뒤는 쉽게 말을 이을 수 없다. 이상하게도 목이 막혀 목소리가 나오지 않는다. 타미코는 가지 하나를 손에 들고는 몸을 일으켜 세우며,

"마사오, 왜……?"

"아니, 아무것도 아닌데, 타미가 요즘 이상해서 말이야. 나 같은 건 완전히 싫어진 것 같은 걸."

타미코는 과연 여자라서 그런 일에는 나보다는 훨씬 신경이 예민해져 있다. 자못 분한 듯한 얼굴을 하며 불쑥 내 옆으로 다가왔다.

p.33 "마사오는 정말 너무해. 내가 언제 마사오한테 거리를 두었다고……."

"아니, 요즘 타미가 완전히 변해 버려서 나 따위한테는 볼일이 없는 것 같아서 말이야. 그렇다고 해서 타미한테 불만을 말하는 건 아니야."

타미코는 조급하게,

"그런 말 하는 건, 그건 마사오 너무한거야, 억지라고. 요전에는 둘이 나란히 앉아 어머니께 그만큼이나 꾸지람을 들었잖아? 너는 남자니까 아무렇지도 않게 있지만, 나는 나이도 많고 여잔걸, 그런 말을 들으면 정말로 면목이 없지 않겠어? 그래서 나는 정말 열심히 조심하고 있는 거야. 그걸 마사오는 거리를 둔다느니 싫어졌다느니 하다니, 난 정말로 어이없어……."

p.34 타미코는 당장이라도 울 듯한 표정으로 내 얼굴을 물끄러미 바라보고 있다. 나도 단지 이야기를 붙이려고 그렇게 말했을 뿐이라, 타미코의 울 듯한 얼굴을 보자 불쌍하고 딱해져서,

"난 화가 나서 말한 게 아닌데, 타미는 화를 냈어……난 단지 타미가 갑자기 변해서, 만나도 말도 안 하고, 놀러도 오지 않으니까 너무 쓸쓸하고 슬퍼졌단 말이야. 그러니까 이제부터라도 가끔은 놀러 와. 어머니한테 혼나면 내가 뒤집어 쓸 테니까……남들이 뭐라 해도 상관없잖아."

p.35 누가 뭐래도 아이인 만큼 말도 안 되는 소리를 한다. 터무니없는 소리를 듣고 타미코는 걱정스럽기도 하고 기쁘기도 하고, 기쁘기도 하고 걱정스럽기도 하고, 걱정과 기쁨이 마음속에서 뒤섞여 싸우지만 결국 기쁨 쪽이 승리를 거두어 버렸다. 또한 세마디 네마디 이야기를 하는 동안에 타미코는 산뜻하고 거리낌 없는 원래의 밝은 모습이 되었다. 나도 물론 유쾌함이 넘친다……서로가 이 우주 공간에 단 둘만이 존재하는 듯한 기분이 든 것이다. 이윽고 둘은 가지따기 내기를 한다. 커다란 밭이지만 시월 중순이 지나서 가지도 듬성듬성 조금밖에 열려 있지 않다. 둘이서 겨우 두 되 정도씩을 딸 수 있었다.

p.36 "와! 타미, 저것 좀 봐, 석양이 아주 멋있어!"

타미코는 어느샌가 소쿠리를 내려놓고 양손을 코끝에 모아 태양을 향해 기도하고 있다. 서쪽 하늘은 전체적으로 연보랏빛으로 바림을 한 듯한 색이 되었다. 온통 붉디붉기만하고 광선이 나오지 않는 태양이 지금 그 절반을 산에 묻으려 할 즈음. 지성으로 석양에 기도하는 타미코의 다소곳한 모습이 오랫동안 내 눈가에 남아 있다.

둘이 여념 없이 이야기꽃을 피우며 돌아오자, 뒷문 울타리 바깥에 오마스가 우두커니 서서 이쪽을 바라보고 있다. 타미코는 작은 소리로,

"오마스가 또 뭐라고 소문을 낼 거야."

"둘 다 어머니 심부름으로 갔다 온 거니까 오마스가 뭐라 한들 상관없어."

p.37 하나의 사건을 겪을 때마다 둘의 마음속에 솟아오르는 사랑의 싹은 더 자란다. 기회가 있을 때마다 주고받는 둘의 의지는 금세 서로의 마음속에 있는 그 싹에 엄청난 양분을 공급한다. 오늘 해질녘은 확실히 그 기회였다. 오싹 하고 전율할 만큼 확실한 징후를 나타낸 것이다. 그러나 누가 뭐래도 둘의 관계는 새싹 단계로 지극히 요령이 없다. 남들이 봐서 꼴사나운 듯한 짓도 하지 않고, 돌아보아 스스로 양심의 가책을

느낄 만한 일도 하지 않는다. 따라서 아직은 느긋해서 체면을 차리려 한다든지 하는 마음은 지극히 적었다. 나와 타미코의 관계도 이 정도에서 끝났다면 10년이나 잊지 못할 정도는 되지 않았을 텐데.

p.38 부모라는 것은 어느 부모나 마찬가지로, 자기 자식을 언제까지나 아이처럼 생각한다. 내 어머니도 그 예외가 아니다. 타미코는 그 후 때때로 내 공부방에 찾아오지만, 꽤 남의 눈을 의식해서 마음고생을 하고 오는 듯한 모습으로, 언제 와도 안절부절 못한다. 전에 나에게 싫은 소리를 들어서 할 수 없이 오는 건가라고도 생각되었지만 그건 아니었다. 우리 둘의 정신 상태는 이삼 일 사이라고 할 수 없을 만큼 확실한 변화를 이루고 있다. 내 변화는 더욱 심하다. 사흘 전에는 어머니가 혼내면 내가 죄를 뒤집어쓸 테니 놀러 오라고까지 말도 안 되는 소리를 했던 내가, 오늘은 도저히 그렇지 못하다. 타미코가 조금 오래 머물면 벌써 마음이 켕기고 걱정이 되어 견딜 수 없어졌다.

p.39 "타미 또 와, 너무 오래 있으면 남들이 쓸데없는 소리를 하니까."

타미코도 마음은 똑같지만, 나에게 이제 가라는 말을 들으면 묘하게 토라지기 시작한다.

"어머, 네가 요전엔 뭐라 그랬지? 남들이 뭐라 해도 상관없으니까 놀러 오라고 하지 않았어? 나는 이제 남들이 비웃어도 상관없어."

곤란하게 되었다. 둘의 관계가 밀접해질수록 남의 눈을 두려워하게 된다. 남의 눈을 두려워하게 되면 이미 죄를 짓고 있는 것처럼 마음도 흠칫흠칫하는 것이었다. 어머니는

p.40 입으로야 남자도 여자도 열대여섯이 되면 어린애가 아니라고 말은 해도, 그건 이론상 그런 것이고, 마음으로는 아직도 둘을 마치 어린애처럼 여기고 있기 때문에, 그 후에 타미코가 내 방에 와서 책을 보거나 이야기를 하고 있는 것을, 바로 앞을 지나가면서도 전혀 신경을 쓰는 듯한 기미도 없다. 요전의 잔소리도 실은 형수가 하라고 해서 한 것뿐이고, 진심으로 마음속에서 나온 잔소리는 아니다. 어머니 쪽은 그랬지만 형이나 형수, 오마스 같은 사람은 뻔질나게 험담을 하며 웃었던 모양으로, 마을 전체의 소문으로는 '두 살이나 나이가 많은 것을 며느리로 삼을 생각인가' 하며 수근거리고 있다고 한다. 이런저런 일이 어렴풋이 둘에게 알려져 내 쪽에서 말을 꺼내어 당분간 둘이 거리를 두자고 의논했다.

p.41 사람의 마음이란 이상한 것이다. 둘이 조금도 격의 없이 납득한 상태에서 한

의논이었지만, 내 쪽에서 말을 꺼낸 탓에, 타미코는 묘하게 우울해져 전혀 기운이 없고 풀이 죽어 있는 것이다. 그것을 보자 나도 또한 견딜 수 없이 가여워진다. 감정의 일진일퇴는 이런 식으로 얽히면서 위태로워지는 것이다. 어쨌든 둘은 표면상으로는 멋지게 사이가 소원해져 사오일이 경과했다.

p.42 음력 9월 13일, 오늘 밤이 '마메노츠키'라는 날의 아침, 이슬과 서리가 내렸나 싶을 만큼 차다. 그 대신 날씨는 반짝반짝 화창하다. 15일이 이 마을 축제이고, 내일은 축제 전야제라고 해서 들일도 오늘 대충 마무리를 짓지 않으면 안 되기 때문에, 집안사람 모두 일을 분담하여 들로 나가게 되었다. 그리하여 신의 은총이 우리 둘에게 내려졌던 것이다. 형 부부와 오마스, 그 외 남자 한 사람은 베다 남은 중도를 꼭 다 베어 버려야만 한다. 타미코는 나를 조수로 하여 산비탈에 있는 밭의 목화를 따오기로 되었다. 이것은 물론 어머니의 지시로 아무도 이의는 제기할 수 없다.

"이런, 저 둘을 산속 밭에 보내다니, 부모란 참 어수룩한 거야."

p.43 생각이 깊지 못한 오마스와 심술궂은 형수는 입을 모아 그렇게 말했음에 틀림없다. 우리 둘은 물론 마음속으로는 정말 기쁘지만 이런 경우 둘이서 산비탈 밭에 가게 되면, 남들에게 기뻐하는 얼굴을 보일 것 같은 기분이 들어 아주 쑥스럽다. 체면상으로라도 자진해서 가고 싶어 하는 기색은 보일 수 없다. 나는 아침 식사 전에는 공부방을 나오지 않는다. 타미코도 뭔가 꾸물꾸물하며 준비도 하지 않는 모양이다. "또 기뻐가지고."라는 말을 듣는 것이 분한 것이다. 어머니는 자리에서 일어나 내 방으로 오셔서,

"마사오도 준비하렴. 타미도 빨리빨리 준비해서 어서 가거라. 둘이 가면 하루에 수월하게 할 수 있는 일이긴 하지만, 길이 머니까 빨리 가지 않으면 늦게 돌아오게 된단다. 될 수 있으면 해가 저물기 전에 돌아오도록 해. 오마스는 둘의 도시락을 만들어 주렴, 반찬은 이거 이거 하고……."

p.44 정말로 부모의 마음이다. 타미코에게 도시락을 준비시키면 자기 것이니 반찬 같은 것은 변변한 것을 가져가지 않을 것이라는 걸 알고 확실하게 오마스에게 일러 만들도록 한 것이다. 나는 바지 아래 버선발, 밀짚모자 차림, 타미코는 토시를 끼고 모모히키를 입고 가라고 어머니가 말씀하시자, 토시만 끼고 모모히키를 입는 데 꾸물거리고 있다. 타미코는 나에게 와서 모모히키를 입지 않아도 되도록 어머니에게 말해 달라고 한다. 나는 타미가 그렇게 말하라고 한다. 입씨름을 하는 사이에 어머니는 그 소리

를 듣고 웃으시며,

"타미는 도시 출신이라 모모히키 입는 건 쑥스럽니? 나는 또 네 보드라운 손발이 가시나무며 참억새에 상처를 입는 게 안돼서 그렇게 말한 건데, 싫으면 너 좋을 대로 하렴."

p.45 그래서 타미코는 예의 어깨끈에 앞치마를 두르고 삼베짚신 차림. 둘이 한 말들이 소쿠리 하나씩을 들고, 내가 따로 짊어지는 바구니와 천칭을 어깨에 메고 나선다. 타미코가 뒤에서 사초삿갓을 쓰고 나오자 어머니가 웃는 목소리로 부른다.

"타미야, 네가 사초삿갓을 쓰고 걸으니 꼭 버섯이 걷는 것 같아 보기 흉하구나. 밀짚삿갓이 좋을 것 같아. 틀림없이 새것이 하나 있었을 거야."

벼 베기 일행은 나가 버려서 딱히 웃을 사람도 없었지만, 타미코는 서둘러 사초삿갓을 벗고 얼굴이 빨개진 듯했다. 이번에는 밀짚삿갓을 쓰지 않고 손에 들고, "그럼 어머니, 다녀오겠습니다."라고 인사를 하고 달려 나갔다.

p.46 마을 사람들도 이러쿵저러쿵 말한다고 듣고 있던 터라, 둘이 나란히 가는 것도 남들 앞에서는 부끄럽고, 서둘러 마을을 빠져나가려는 생각에서 나는 한 걸음 앞서 집을 나선다. 마을 밖 언덕의 내리막길 언저리에 있는 커다란 은행나무 밑둥치에서 타미코가 오기를 기다렸다. 여기에서 내려다보면 약간의 논이 있다. 빛깔 좋게 누렇게 물든 늦벼가 이슬을 머금고 촉촉하게 엎드려 있는 광경은 기분 탓인지 특히 더 상쾌하고 가슴이 후련해지는 듯한 경치이다. 타미코는 어느샌가 다가와서는, 어제 비로 쓸려 내려간 붉은 흙 위로 두 잎 세 잎 떨어지는 은행잎을 줍고 있다.

"타미, 벌써 왔어? 이렇게 날씨가 좋으니 어때? 진짜 기분 좋은 아침이지?"

"정말로 날씨가 좋아서 기뻐. 어머 이 은행잎 곱기도 하지. 자, 출발하자."

p.47 타미코의 고운 손으로 들고 있으니 은행잎도 유난히 예뻐 보인다. 둘은 언덕을 내려가 답답하고 거북한 장소에서 겨우 광장으로 나온 기분이 되었다. 오늘은 빨리 서둘러서 목화를 따치우고 재미있는 것을 실컷 하면서 놀자고 의논하면서 걷는다. 길 한가운데는 말라 있지만, 양쪽으로 논에 접해 있는 곳은 이슬에 촉촉이 젖어 여러 풀이 꽃을 피우고 있다. 가막사리는 끝이 말라붙어 있고, 고마리여뀌 같은 것이 가장 많이 우거져 있다. 벌노랑이도 노랗게 꽃이 보인다. 들국화가 한들한들 피어 있다. "타미, 이 들국화가." 라고 나는 나도 모르게 발길을 멈췄지만 타미코는 안 들리는지 성큼성큼 앞으로 간다. 나는 길가에 잠시 짐을 내려놓고 들국화 꽃을 한 줌 땄다.

p.48 타미코는 한 정(약 109m) 정도 앞서 가서는 알아차리고 뒤를 돌아보자마자 "어머!"라고 소리치며 뛰어서 되돌아왔다.

"타미는 그렇게 되돌아오지 않아도 된다니까, 내가 어차피 갈 텐데……."

"뭐야, 마사오는 뭘 하고 있었어? 난 깜짝 놀라서……어머, 예쁜 들국화네, 마사오, 나한테 반만 주면 어때? 나 정말로 들국화 좋아하거든."

"난 원래부터 들국화를 아주 좋아해. 타미도 들국화를 좋아하는구나……."

"나 아무래도 들국화가 환생한 건가봐. 들국화 꽃을 보면 소름이 돋을 만큼 좋아. 왜 이런 걸까 하고 나 스스로도 생각할 정도야."

"타미는 그렇게 들국화를 좋아하는구나……어쩐지 아무래도 타미는 들국화 같은 사람이야."

p.50 타미코는 나누어 준 절반의 들국화를 얼굴에 바싹 대고 기뻐했다. 둘은 다시 걷기 시작한다.

"마사오……나 들국화 같다는 말, 왜 그렇게 생각해?"

"글쎄, 어째서라고 할 것까지는 없지만, 왠지 모르게 타미는 들국화 같은 분위기라서 말이야."

"그래서 마사오는 들국화를 좋아한다는 거야……?"

"나 진짜 좋아해."

타미코는 지금부터는 네가 앞서 가라고 말하며 자기는 뒤로 처졌다. 지금 우연히 일어난 간단한 문답은 서로의 마음에 의미심장하게 느껴졌다. 타미코도 그렇게 생각했다는 것은 그 기색으로 알 수 있다. 여기까지 이야기가 좁혀지니 더 이상 그 뒷얘기는 꺼낼 수 없다. 이야기는 잠시 중단되어 버렸다.

p.51 뭐니 뭐니 해도 어린 두 사람은 지금 죄악의 신에게 농락당하고 있는 것이지만, 들국화 같은 사람이라고 한 말에 이어서, 그 들국화를 나는 아주 좋아한다고 말했을 때조차 나는 이미 가슴이 두근거렸을 정도라, 곧바로 그 이상을 말할 만큼 아직 뻔뻔하지는 않았다. 타미코도 마찬가지로, 무언가에 부딪친 듯한 기분으로 서로 강하게 느꼈을 때 목소리가 잠겨 버렸던 것이다. 둘은 잠시 말없이 걷는다.

정말로 타미코는 들국화 같은 아이였다. 타미코는 아주 촌스럽기는 했지만 결코 천박하지는 않았다. 가련하고 상냥하고 그리고 품위도 있었다. 혐오감이나 밉살스러운 데는 손톱 때 만큼도 없었다. 아무리 봐도 들국화 같았다.

p.52 잠시 동안은 묵묵히 있었지만 언제까지 이야기도 하지 않고 있는다는 건 더욱 이상하게 여겨져 무리하게 이야기를 생각해 낸다.

"타미는 아까 뭘 생각하느라 그렇게 한눈도 팔지 않고 걷고 있었어?"

"나, 아무것도 생각하지 않았어."

"타미는, 그건 거짓말이야. 뭔가 아무 생각도 하지 않고 그런 모습을 할 리는 없어. 어떤 걸 생각하고 있었는지 모르지만, 숨기지 않아도 되잖아?"

"마사오, 미안. 나 아까 실은 이런저런 생각을 했었어. 나 곰곰이 생각하니 비참해지는 거야. 나는 왜 마사오보다 나이가 많은 걸까? 난 열일곱이나 되는 걸, 정말 비참해져……."

p.53 "타미는 무슨 소릴 하는 거야? 먼저 태어났으니 나이가 많지, 17년 자랐으니 열일곱이 된 거 아냐? 열일곱이라서 왜 비참하다는 거야? 나 또한 내후년이 되면 열일곱살이야. 타미는 정말 이상한 소리를 하는 사람이야."

나도 지금 타미코가 말한 뜻을 알지 못할 정도로 어린애도 아니다. 알고는 있지만 일부러 장난처럼 들어 넘기고 뒤돌아보니 타미코는 정말로 골똘히 생각에 잠겨 있는 듯했는데, 나와 얼굴이 마주치자 쑥스러운 듯 갑자기 외면했다.

이렇게 되면 무슨 말을 해도 곧 그 이야기로 옮겨가기 때문에 이야기가 막혀 버린다. 둘 중 어느 한 사람이

p.54 조금 아주 조금이라도 뻔뻔하다면 이야기가 이렇게 막혀 버리지는 않는다. 서로 마음은 저 깊은 곳까지 알고 있어서, 얇은 닥종이를 찢을 수 있을 정도라도 힘이 있다면 이야기를 한 단계 진전시켜 서로 활짝 열어젖혀 버릴 수 있다. 그렇지만 속마음부터 순진한 두 사람은 그 닥종이를 찢을 정도의 추진력이 없는 것이다. 또한 이쯤에서 이야기의 껍데기를 벗겨 버리지 않으면 안 될 것 같은 확실한 의식도 물론 없다. 말하자면 아직 갈팡질팡하는 새싹 단계의 사랑이라서, 마음의 힘이 약간 필요한 지점에 도달하면 이야기가 막혀 버리는 것이다.

p.55 서로 본인이 이야기를 꺼내 놓고는 본인이 쑥스러워하는 듯한 일을 되풀이하면서 길을 몇 정인가 걸었다. 주고받는 말수는 적지만 그 말 속에는 두 사람 모두에게 헤아릴 수 없이 많은 생각을 감추고 있고, 쑥스러운 감정 속에는 뭐라 말할 수 없는 깊은 유쾌함을 띠고 있다. 그래서 소위 발이 허공에 뜬 듯, 어느새 논도 지나고 산길로 접어들었다. 이번에는 타미코가 마음을 추스린 듯 밝은 목소리로,

"마사오, 이제 길을 반 정도 온 걸까? 오나가사쿠는 1리(약 4km)보다 조금 멀다 그랬지?"

"그래, 1리 반(약 6km)에 가깝다 그랬는데, 이제 반 남짓 왔을 거야. 조금 쉴까?"

"난 안 쉬어도 괜찮은데, 어머니 말을 안 들은 벌을 빨리도 받아서 참억새 잎에 이렇게 손을 베었어, 이걸로 좀 묶어 줘."

p.56 엄지손가락 중간 정도에, 상처는 작았지만 피가 의외로 많이 났다. 나는 즉시 종이를 찢어 묶어 준다. 타미코의 양손이 빨갛게 되고 있는 걸 본 순간 몹시 가여웠다. 이런 산속에서 쉬기보다 밭에 도착하고 나서 쉬자고 해서, 이번에는 타미코를 앞세우고 내가 뒤가 되어 서두른다. 8시 조금 지났을까 싶은 무렵에 오나가사쿠에 있는 밭에 도착했다.

10년쯤 전에 아버지가 아직 건강하셨을 때, 이웃 마을 친척의 부탁으로 어쩔 수 없이 샀다는데, 밭이 8단(약 7,933㎡), 산림이 2정(약 19,834㎡) 정도 이곳에 있다. 이 부근 일대에 고지대는 모두 산림이고 그 사이에 목책으로 밭이 만들어져 있다. '코시코쿠'를 갖고 있다고 하면 체면은 서지만 품만 들어 수지가 맞지 않는다고 어머니가 늘 말씀하시는 밭이다.

p.57 삼면이 숲으로 둘러싸이고 남쪽이 트여 다른 집 밭과 이어져 있다. 북쪽이 높고 남쪽이 얕은 경사를 이루고 있다. 어머니의 짐작대로 목화는 끝물이기는 하지만, 바람이 불면 흘러넘칠 듯이 목화는 꽃봉오리가 벌어져 있다. 밭 전체 여기저기에 하얗게 피어 있는 그 목화에 아침 햇살이 비치니 눈부시도록 아름답다.

"와, 많이 피었네. 오늘 따러 오길 잘했어."

타미코는 여자라서 목화가 예쁘게 피어 있는 것을 보고 기쁜 듯 그렇게 말했다. 밭 한가운데쯤에 오동나무 두 그루가 우거져 있다. 잎이 지고 있지만 10월의 햇살을 피하기에 충분하다. 이곳에 근처의 수수깡을 모아 둘이 자리를 잡고 앉는다. 도시락 꾸러미를 가지에 매단다.

p.59 날씨가 좋지만 산길을 서둘러 와서 땀이 배어 덥다. 옷을 하나씩 벗는다. 바람을 품에 넣고 발을 쭉 펴고 쉰다. 푸른 하늘에 녹색 솔밭, 물까치도 어딘가에서 지저귀고 있다. 소리가 울릴 만큼 산은 조용하다. 하늘과 땅 사이의 넓은 밭 한가운데에서 둘이 이야기를 하고 있다.

"정말로 타미, 오늘만큼은 천국 같은 날이지?"

얼굴에서 목에서 땀을 닦은 후의 윤기, 새삼스럽게 타미코의 옆얼굴을 보았다.

"그렇네? 나 왠지 꿈같은 기분이 들어. 오늘 아침 집을 나설 때는 정말로 쑥스러워서……언니는 이상한 눈초리로 바라보지, 오마스는 놀리지, 난 정말 울컥했어. 마사오는 태연하게 있어서 얄미웠어."

p.60 "나라고 아무렇지 않았겠어? 마을 사람들과 마주치는 게 싫어서 난 한 걸음 먼저 나와 은행나무 아래서 타미를 기다렸단 말이야. 그건 그렇고, 타미, 오늘은 진짜 재미있게 놀자. 난 다음 달엔 학교에 가고, 이번 달이래야 15일밖에 남지 않았고, 둘이 진지하게 이야기할 수 있는 건 앞으론 어려워. 청승맞은 소리를 하는 것 같지만, 둘 사이도 오늘뿐일 거라 생각해. 그치? 타미……."

"그건 마사오, 나는 여기 오면서 그것만 생각하고 왔어. 내가 좀 전에 정말 비참해진다고 하니까 마사오는 웃어 버렸지만……."

p.61 '재미있게 놀자, 놀자' 라고 말해도 이야기를 시작하면 바로 이렇게 되어 버린다. 타미코는 눈물을 훔친 것 같았다. 마침 그때 말이 보였다. 서쪽 산길에서 버스럭버스럭 조릿대에 스치는 소리가 나고, 장작을 실은 말을 끌고 얼굴을 싸맨 남자가 나타났다. 자세히 보니 뜻밖에도 우리 동네 츠네키치다. 이 녀석은 언젠가 건너 집에 사는 오하마에게 타미코를 데리고 놀러 나와 달라고 끈질기게 부탁했다던 놈이다. 불쾌한 녀석이 왔다고 생각하고 있노라니,

"야, 마사오, 안녕, 아주 좋은 날씨야. 오늘은 부부가 목화 따기 하시는가? 멋진데. 아하하하하하."

"어, 츠네, 오늘은 심부름인가? 이른 아침부터 진짜 열심인데."

"그럼, 우리 같은 사람이야 심부름 삯이라도 받아 가끔 한잔 하는 것 외에 재미도 없으니까 말이야. 타미코, 너무 보란 듯이 있는 거 아냐? 너무 심한 거 아냐? 아하하하하하."

p.62 '이 녀석 참 무례하군' 하고 생각했지만, 우리도 그다지 으스댈 처지도 아니라 웃어넘기며 츠네키치를 보냈다.

"바보 자식, 정말 싫은 놈이야. 자 타미, 시작하자. 타미 진짜, 힘을 내자, 그렇게 끙끙대지 말고. 난 학교에 가면 치바인 걸, 오본, 설날 외에도 오려면 토요일 밤 걸쳐 일요일에 올 수 있단 말이야……."

"정말 미안, 우는 얼굴 해서. 저 츠네라는 남자, 진짜 불쾌한 인간이야."

타미코는 소매를 걷어올리고, 나는 셔츠의 어깨를 걷고 열심히 따서 3시간 정도 사

이에 7할 정도 처리해 버렸다. 이제 나머지는 얼마 안 되니까 도시락을 먹기로 하고 오동나무 그늘로 돌아간다. 나는 미리 준비한 물통을 들고,

p.63 "타미, 난 물을 길어 올 테니까 여길 지키고 있어. 돌아오는 길에 '까마귀머루'랑 '으름덩굴'을 선물로 이만큼 따 올게."

"난 혼자 있는 건 싫어. 마사오, 같이 데려가 줘. 아까 같은 사람이라도 오면 큰일이잖아."

"그렇지만, 타미, 건너편 산을 하나 넘고도 더 가야 돼, 맑은 샘물이 있는 곳은. 길다운 길도 없고, 그야말로 가시나무랑 참억새로 발이 상처투성이가 될 거야. 물이 없으면 도시락을 먹을 수 없으니 곤란하네, 타미, 기다릴 수 있지?"

"마사오, 제발 데려가 줘. 네가 걸을 수 있는 길이라면 나도 걸을 수 있어. 혼자 여기 있는 건 나 아무래도……."

p.64 "타미는 산에 오더니 엄청난 떼쟁이가 됐구나. 그렇다면 같이 가자."

도시락은 목화 속에 감추고 각자 옷을 입고 길을 나선다. 타미코는 계속해서 싱글벙글하고 있다. 남들이 봤다면 어처구니없기도 꼴불견이기도 하겠지만, 당사자들의 처지로서는 그 종잡을 수 없는 입씨름 중에도 끝없는 기쁨을 느끼는 것이다. 높지는 않지만 길이 없는 곳을 가는 것이라서 조릿대 밭을 헤치며 나무 밑동을 붙잡고 절벽을 기어오른다. 자주 타미코의 손을 잡고 끌어 준다.

p.65 요 근래 2, 3일 이래의 둘의 감정으로 본다면 타미코가 원한다면 나는 어떤 일이라도 거절할 수 없다, 또 내가 원한다면 역시 어떤 일이라도 타미코는 결코 거절은 하지 않는다. 그런 사이면서도 아주 겁쟁이에다가 아주 소심한 둘은 일찍이 한 번도 의미 있게 손 같은 걸 잡은 적은 없었다. 그런데 오늘은 우연한 일로 여러 차례 서로 손을 잡기에 이르렀다. 이런 일종의 말할 수 없는 유쾌한 감정은 경험이 있는 사람이라야 비로소 말할 수 있는 것이다.

"타미, 여기까지 오면 샘물은 저기에 보여. 이제부터 내가 혼자서 갔다 올 테니까 여기에서 기다리고 있어. 내가 보이면 있을 수 있지?"

"정말 마사오한테 애물단지가 되었네……너무 떼를 쓰면 미안하니까 여기에서 기다리지 뭐. 앗! 까마귀머루가 있었네."

p.66 나는 물을 길어 돌아오는 길에 물통은 허리에 붙들어 매고, 주변을 조금 더듬

어 으름덩굴 4, 50개와 까마귀머루 한 다발을 따고, 예쁘게 핀 용담꽃 대여섯 송이를 찾아서 돌아왔다. 돌아오는 길은 내리막이어서 손쉽게 둘이서 내려온다. 밭 출구 쪽에서 나는 큰 춘란을 발견했다.

"타미, 나는 '악쿠리'를 좀 캐 갈 테니까, 이 으름덩굴이랑 까마귀머루를 가지고 가 줘."

"악쿠리가 뭐야? 어머, 춘란 아냐?"

"타미는 도시 사람이라 춘란이니 하면서 품위 있는 말을 하네. 야기리 농부들은 '악쿠리'라고 해, 손발 튼 데 약으로 쓰지. 하하하하."

"어머, 비꼬기는. 마사오는 오늘 정말 비꼬는 말을 많이 하는 구나."

p.67 산에서 먹는 도시락이라고 하면, 이 고장 사람들에게는 일반적으로 즐거움 중 하나이다. 뭔가 생리상의 이유라도 있는 건지 모르겠지만, 어쨌든 산일을 하고 바로 먹는 도시락은 이상하게도 맛있다는 것은 누구나 말하는 바다. 지금 우리 둘은 새로운 샘물을 떠 와, 어머니의 마음을 담은 도시락을 나누어 먹는다. 이만저만한 즐거움이 아니라는 것은 말할 필요 조차 없다. 나는 으름덩굴을 즐기고, 타미코는 까마귀머루를 먹으면서 잠시 이야기를 나눈다. 타미코는 웃으면서,

"마사오는 손발 튼 데 쓰는 약으로 '악쿠리'라는 걸 따 와서 학교에 가져가는 거야? 학교에서 손발이 트면 웃기겠지……."

p.68 나는 진지하게,

"아냐, 이건 오마스한테 줄 거야. 오마스는 벌써 예전에 손발이 텄어. 요전에도 목욕할 때 오마스가 불을 지피러 와서는 손발 튼 걸 아주 아파하고 있길래, 조만간 내가 산에 가면 '악쿠리'를 따다 준다고 말했거든."

"어머, 넌 친절한 사람이구나……오마스는 겉과 속이 다르지 않고 밉살스럽지 않은 여자라, 나도 사이좋게 지내고 있었는데, 요즘은 왠지 나한테 거슬리는 듯한 말만 하고 뭐든 나를 미워해."

"아하하하, 그건 오마스가 질투를 하는 거야. 쓰잘 데 없는 일에도 금방 질투를 하는 건 여자들의 버릇이야. 자 봐, 내가 '악쿠리'를 따 가서 오마스한테 준다고 하니까, 타미가 금방, '어머 넌 참 친절한 사람이네 어쩌네' 하고 말하는 것과 마찬가지인 거야."

p.69 "마사오는 언제 이렇게 비꼬는 버릇이 생겼지? 무슨 말을 해도 마사오한테는 당할 수 없어. 아무리 나라도 오마스가 밑도 끝도 없는 질투쟁이라는 거 정도는 알고

있어…….”

“실은 오마스도 가엾은 여자야. 부모님이 그렇게만 되지 않았다면 남의집살이까지 하게 되지는 않았을 거야. 아버지는 전쟁에서 돌아가시고, 어머니는 이를 슬퍼하시다가 화근이 되서 병으로 돌아가시고, 하나밖에 없는 오빠가 좀 모자라는 사람이라 결국 그런 처지가 된 거야. 나라를 위해 돌아가신 분의 딸인 걸, 타미, 돌봐 줘야 돼. 그래도 타미, 널 대단히 칭찬하던 걸. 심통 맞은 형수한테 혹사당하고 있어서 더 가여워.”

p.70 “그건 마사오, 나도 그렇게 생각하고 있어. 어머니도 자주 그렇게 말씀하셨어. 하찮은 거지만 이것저것 나누어 주고 있는데, 또 마사오처럼 인정 많게 대해 주면…….”

타미는 말하다 말고 또 이야기를 중단하고는, 오동나무 잎으로 싸 두었던 용담꽃을 손에 들고 갑자기 화제를 바꿨다.

“이렇게 예쁜 꽃, 언제 꺾어 왔어? 용담꽃은 정말 좋은 꽃이네. 난 용담꽃이 이렇게 예쁜 꽃인 줄 몰랐어. 나 갑자기 용담꽃이 좋아졌어. 아아, 예쁜 꽃…….”

꽃을 좋아하는 타미코는 예의 그 버릇처럼, 하얀 얼굴에 그 남보랏빛 꽃을 갖다 댄다. 이윽고 무엇이 생각났는지 혼자서 싱글벙글 웃기 시작했다.

p.72 “타미, 뭐야? 그렇게 혼자 웃고.”

“마사오는 용담꽃 같은 사람이야.”

“왜?”

“글쎄, 왜 라고 할 것까지는 없지만, 마사오는 왠지 용담꽃 같은 분위기라서 말이야.”

타미코는 말을 마치고 얼굴을 감추며 웃었다.

“타미도 사람이 꽤 나빠졌는 걸. 이거 좀 전의 복수인 건가? 남의 말을 흉내내는 데는 두 손 들겠는 걸. 근데 타미는 들국화고 내가 용담꽃이라는 건 재미있는 한 쌍이네. 나는 기꺼이 용담꽃이 될 거야. 그리고 타미가 용담꽃을 좋아해 준다면 더욱 기쁘겠지.”

p.73 둘은 이런 종잡을 수 없는 말을 하며 즐거워했다. 짧은 가을 햇살, 해는 차츰 저물기 시작한다. 자, 하는 구호로 목화 따기를 시작한다. 오후 분량은 얼마 안 되는 거라서 한 시간 반 정도에 모두 땄다. 이것저것 각자 정리하여 바구니에 싣고 둘이서 힘을 합쳐 짊어진다. 타미코를 앞세우고 내가 그 뒤로 터벅터벅 밭을 나섰을 때는 해는 벌써부터 소나무 가지 끝을 가르기 시작했다.

길을 반 정도 왔을까 싶을 무렵에는 음력 13일 밤의 달이 나무 사이에서 그림자를 드리우고, 억새에 흔들리는 바람도 없어, 이슬이 맺혀 있는 것까지도 보일 듯한 밤이 되었다. 오늘 아침에는 미처 깨닫지 못했는데 길 서쪽에 한 단 낮은 밭에는 메밀꽃이 얇은 비단을 둘러친 듯이 하얗게 보인다. 귀뚜라미가 추운 듯 우는 것에도 마음이 가지 않을 수 없다.

p.74 "타미, 피곤하지? 어차피 늦었으니까 이 경치 좋은 데서 좀 쉬었다 가자."

"이렇게 늦어질 거면 좀 더 서둘렀으면 좋았을 걸. 집안사람들한테 분명 한 소리 들을 거야. 마사오, 난 그게 걱정이 돼."

"이제 와서 걱정해도 소용없으니까 우선 좀 쉬자. 이렇게 경치가 좋은 날은 거의 없어. 그렇게 남들한테 면목 없는 나쁜 짓은 하지 않은 걸, 타미, 걱정할 거 없어."

달빛이 비스듬하게 비치고 있는 길가 소나무 그루터기에 둘은 걸터앉았다. 눈 앞 7, 8간(약 12~14m) 앞은 나무 그림자로 어둑어둑한데, 거기서 저쪽은 밭 한가득 달이 비쳐 메밀꽃이 눈에 띄게 희다.

p.75 "와, 정말 멋진 경치다. 마사오, 노래나 시 같은 걸 할 줄 알면, 이럴 때 재미있는 걸 읊을 수 있겠지? 우리 같은 까막눈도 이럴 때는 걱정이고 뭐고 잊어버리게 되는 걸. 마사오, 너 노래 해 봐."

"나 실은 조금 하고 있긴 한데, 어려워서 쉽게 안 되지 뭐야. 산비탈 밭에 핀 메밀꽃에 달빛이 좋고 귀뚜라미가 우는 건 정말로 좋구나. 타미, 지금부터 둘이 노래할까?"

서로 한 가지 근심을 가진 처지가 된 둘은, 속으로 생각하는 일이 많아서 오히려 말은 적다. 왠지 불안한 둘의 미래, 여기서 조금 이야기를 나누고 싶었던 것이다. 타미코는 물론 나보다도 훨씬 이야기하고 싶었을 것임에 틀림없지만, 어리고 경박한 마음이 없는 둘은 마주앉아 좀처럼 그런 이야기는 하지 못했다. 잠시 동안 아무 말 없이 멍하니 시간을 보내는 동안 한 무리의 기러기가 둘을 재촉하듯이 하늘 근처를 울며 날아간다.

p.77 이윽고 논으로 내려가 은행나무가 보였을 때에, 둘은 또 마찬가지로 일종의 감정이 가슴에 솟아올랐다. 그건 다름 아닌, 어쩐지 집에 들어가기 거북하다는 심정이다. 들어가기 거북한 이유는 없다고 생각해도, 아무래도 들어가기 괴롭다. 주저할 틈도 없이 금세 집 문 앞 가까이 와 버렸다.

"마사오……너 먼저 들어가. 나 너무 쑥스러워서 못 견디겠어."

"알았어, 그럼 내가 먼저 들어갈게."

나는 대단히 용기를 내어 아주 태연한 척하며 문을 들어섰다. 집안사람들은 지금 한창 저녁 식사 중으로 이야기가 샘솟고 있는 듯하다.

p.78 봉당 덧문은 아직 열어 놓은 채로 달이 처마 끝까지 비춰들고 있다. 내가 헛기침을 한 번 하고 봉당으로 들어서자 부엌에서 하던 이야기는 갑자기 끊겨 버렸다. 타미코는 손가락 끝으로 내 어깨를 찔렀다. 나도 알고 있다, 지금 밥상 회의에서 둘의 이야기가 얼마나 한창이었던가를.

축제 전야이기도 하고 음력 13일 밤이기도 해서, 집안사람 모두 바깥방에 모였을 때, 어머니도 안방에서 일어나 오셨다. 어머니는 일단 둘이 너무 늦은 것을 나무라고 깊이는 말하지 않으셨지만, 여느 때와는 전혀 달랐다. 뭔가 생각하고 계신 듯 조금도 터놓지 않으신다. 지금까지는 입으로는 잔소리를 해도 마음속으로는 의심하지 않으셨는데,

p.79 오늘 밤에는 말은 그다지 하지 않으시지만 마음속으로는 충분히 둘에게 의심이 생겼음에 틀림없다. 타미코는 더욱 더 움츠려들며 응접실로는 나가지 못한다. 나는 산에서 따 온 으름덩굴이며 까마귀머루 같은 것을 응접실 가득 늘어놓으며, 은근히 내가 이런 일을 해서 늦어진 것이라는 뜻을 보이며 무언의 변명을 해도 아무런 효과도 없다. 누구 하나 그걸 그렇다고 보는 사람은 없다. 오늘 밤은 어떤 이야기에도 우리 둘은 따돌림 당하는 형편으로, 이미 둘은 암묵적으로 완전히 죄인으로 찍혀 버린 것이다.

"어머니는 너무 관대하셔. 저러고 있는 둘을 같이 산비탈 밭에 보내다니 판단이 흐리신 것도 정도가 있지. 옆에서 아무리 걱정해도 어머니가 저러시면 소용없어."

p.80 이것이 부엌 회의에서 난 결정이었던 것 같다. 어머니 쪽도 언제까지 아이라고 생각했던 게 잘못이고, 자신이 옳지 않았다는 생각이 오늘 밤 들었던 것일 것이다. 이제 와서 둘을 야단쳐 보아도 소용없다. 뭐 마사오를 학교에 보내 버리기만 하면 문제는 없다고 어머니의 마음은 확실히 결정된 듯,

"마사야, 넌 11월이 되면 바로 학교에 보낼 생각이었는데, 그렇게 빈둥빈둥하고 있는 것도 아무 도움이 안 되니, 축제가 끝나거든 이제 학교에 가는 게 좋겠다. 17일에 가는 것으로 해라……알겠니? 그렇게 생각하고 간단히 채비를 해 두렴."

p.81 학교에 가는 것은 원래 내 소원, 열흘이나 스무 날 빨라도 늦어도 지장은 없지만, 이런 경우 더구나 오늘 밤 통고가 있고 보니, 둘은 이미 죄지은 자로 정해지고 받는 처벌이라서, 타미코는 물론 나에게 있어서도 대단히 괴로운 데가 있다. 실제로 둘은 그 정도로 타락한 것은 아니므로, 덮어놓고 그렇게 정해지는 건 약간 묘한 기분이 든다. 그렇다고 해서 변명할 수 있는 것도 아니고, 또 강하게 말할 수 있는 자격도 실은 없다. 이것이 한 달 전이었다면, 어머니 그건 무리예요, 학교에 가는 건 소원이지만 죄를 뒤

집어쓴 형벌로 학교에 가라는 건 너무해요……라는 둥 바로 떼를 썼을 텐데, 오늘 밤에는 그렇게 내 맘대로 떠들 수 있을 정도로 순진하지 않다. 사실은, 사랑에 빠져 버린 것이다.

p.82 그렇게나 귀여워해 주던 한 분밖에 안 계신 어머니에게 숨기는 일이 생기고, 왠지 거리를 만들어 마음에 있는 그대로를 말할 수 없을 정도까지 되었다. 자연스레 사람들 앞을 두려워하고, 사람들 앞에서는 일부러 두 사람이 서먹서먹하게 행동하게 되었다. 이토록 사심이 생겨서는 어떻게 당당한 말을 할 수 있겠는가. 나는 단 한 마디,

"네……."

하고 대답했을 뿐 아무 말도 하지 못하고, 어머니의 명령에 맹종할 수밖에 없었다.

"나는 학교에 가 버리면 그걸로 되지만 타미는 나중에 어떻게 될까?"

p.83 문득 그렇게 생각하고 슬쩍 타미코 쪽을 보니, 풋콩을 따고 있는 오마스 뒤에서 타미코는 고개를 숙이고 무릎 위에 어깨끈을 만지작거리며 침묵하고 있다. 너무나도 힘이 없어 보이고 밤이라 그런지 얼굴빛도 창백하게 보였다. 타미코의 모습을 보자 나는 갑자기 슬퍼져서 울고 싶어졌다. 눈물은 눈꺼풀을 타고 흘러 눈이 흐려졌다. 왜 슬퍼졌는지 이유는 확실하지 않다. 단지 타미코가 불쌍해서 견딜 수 없어졌다. 타미코와 나와의 즐거운 관계도 이날 밤까지는 이어지지 못하고 13일 한낮의 빛과 함께 완전히 사라져 버렸다. 기쁠 때도 마음속 전부를 다 말하지 못하고, 괴롭고 슬픈 일에 대해서는 물론 백 분의 일조차도 서로 이야기하지 못한 채, 둘의 관계는 어둠의 장막으로 들어가 버렸던 것이다.

14일은 축제 첫날로 그저 바쁘게 날이 저물었다. 서로 관심이 없는 척은 하고 있어도 손에 바쁜 일이 있는 탓에 어쨌든 마음을 달랠 수 있었다.

p.84 15일과 16일은 식사 외에 특별히 할 일도 없는 채 공부방에 계속 틀어박혀 있었다. 멍하니 책상에 기댄 채 특별히 뭘 하는 것도 없이, 또 둘의 관계를 어떻게 할까 하는 것조차도 생각하지 않는다. 그저 타미코에 관한 일이 머리에 꽉 차 있을 뿐이고, 극히 단순하게 타미코를 생각하고 있는 것 외에 사고는 움직이지 않는다. 요 이틀 사이에 타미코와 서 너번은 만났지만 이야기도 나누지 못하고 미소를 주고받을 힘도 없이 어딘지 쓸쓸한 감정을 서로 눈으로 호소할 뿐이었다. 둘의 감정이 조금 더 조숙했더라면 요 이틀 사이에도 장래의 일 등을 충분히 상의할 수 있었을 텐데, 끈질긴 마음 따위는 털끝만큼도 없었던 둘에게는 이런 때 좀처럼 그런 일은 할 수 없었다. 그런데도 나

는 16일 오후가 되자 왠지는 모르게 다음과 같은 것을 두루마리에 써서, 저녁 무렵 잠깐 들른 타미코에게 내가 가고 나서 봐 달라고 하며 건넸다.

p.85 아침부터 이 방에 들어온 이래, 아무것도 할 마음이 들지 않아. 밖에 나갈 기분도 들지 않고, 책을 읽을 기분도 들지 않고, 단지 계속해서 계속해서 타미코만 생각하고 있어. 타미와 함께 있으면 신에게 안겨 구름에라도 타고 있는 것 같아. 나는 왜 이렇게 된 걸까? 학문에 정진하지 않으면 안 되는 몸이라 학교에는 가지만, 마음으로는 타미와 떨어지고 싶지 않아. 타미는 자신의 나이가 많은 것을 마음에 두고 있는 것 같은데, 나는 그런 건 아무렇게도 생각하지 않아. 나는 타미가 생각하는 대로 될 테니까 타미도 그렇게 생각하고 있어 줘. 내일은 일찍 떠날 거야. 겨울 방학에는 돌아와 타미를 만날 것을 기대하고 있을게.

10월 16일 마사오

타미코에게

p.86 학교에 간다고는 해도, 죄를 짓고 일찍 보내지는 처지라서 남들의 웃음소리, 이야기소리에도 모두 마음이 뒤틀린다. 모든 것이 우리 둘에 대한 비웃음인 것처럼 들린다. 차라리 빨리 학교에 가 버리고 싶어졌다. 결심이 굳어지니 기운이 난다. 오늘 저녁은 머리도 조금 맑아져 저녁밥도 기분 좋게 먹었다. 학교에 관해 이것저것 어머니와 이야기를 한다. 이윽고 잠자리에 들고 나서도,

'뭐야, 한심해, 열다섯 정도의 애송이 주제에 여자 일만 끙끙 생각하고……그래 그래, 내일은 빨리 학교에 가자. 타미코는 불쌍하지만……더 이상 생각하지 않을 거야, 생각한들 어쩔 수 없잖아, 학교 학교…….'

혼잣말을 중얼거리며 잠자리에 들었던 것이다.

p.87 배로 강에서 이치카와로 갈 예정이어서, 17일 아침 가랑비가 내리는데 모든 짐을 가방 하나에 쑤셔 넣고, 타미코와 오마스의 배웅을 받으며 야기리 나루터에 내렸다. 마을 사람의 짐배에 동승하는 것으로 배는 벌써 와 있다. 나는 '타미 그럼….'이라고 말할 생각이었는데 목이 메어 소리가 나오지 않는다. 타미코는 내게 보따리를 넘기고 나서는 자기 손을 어찌 해야 할지 모르고, 가슴을 쓸기도 하고 옷깃을 만지기도 하면서 아래만 쳐다보고 있다. 눈에 고인 눈물을 오마스에게 들키지 않으려고 몸을 딴 데로 돌리고 있다. 타미코의 가련한 모습을 보고서는 나도 눈물을 억누를 수 없었다. 타미코는 오늘을 이별이라고 생각해서 인지, 머리는 깔끔하게 틀어 올리고 엷게 화장을 했다. 열

은 검정과

p.88 남색으로 짜여진 작은 격자무늬로 된, 짧은 겉옷과 긴 겉옷도 모두 요네자와 명주에, 품위 있는 화려한 비단 허리띠를 매고 있었다. 어깨끈을 걸친 타미코도 좋았지만 오늘의 타미코는 한층 돋보였다.

내 기분 탓이기도 한지 타미코는 13일 밤부터는 하루하루 수척해져서 이날의 가련함이란, 나는 울지 않을 수 없었다. 어쩐지 그런 예감이 든다고 해야 할까, 이것이 평생의 이별이 되리라고는, 나는 물론이고 타미코 역시 설마 그렇게는 생각하지 않았겠지만, 이때의 괴로움과 슬픔은 남에게 말해도 도저히 믿어 줄 리는 없다고 생각할 정도였다.

p.89 다만 타미코의 생각은 나보다 깊었음에 틀림없다. 나는 중학교를 졸업하기까지 아직 4, 5년 더 있어야 하는 처지인데, 타미코는 열일곱으로 올해만 해도 혼담 이야기가 있고, 부모님께 그런 말을 들으면 쉽게 거절할 수 없는 처지라서, 장래 일을 이것저것 생각해 보니 걱정이 많은 것이다. 당시의 나는 거기까지는 생각하지 않았지만, 바로 내 눈에 스미는 듯한 타미코의 가련한 모습은 몇 년이 지나도 어제 일처럼 눈에 떠오른다.

남이 보면 젊은 시절에 흔히 있는 부질없고 제멋대로인 신파극이라며 보기 흉하기도 했겠지만, 둘의 처지로서는 정말이지 애처롭고 슬픈 이별이었다. 서로 손을 잡고 장래를 이야기하지도 못하고, 가랑비가 보슬보슬 내리는 나루터에서,

p.90 눈물을 흘리며 우는 것도 남의 눈을 꺼리고, 한마디 말도 서로 나누지 못하고 영원한 이별을 하고 말았던 것이다. 무정한 배는 강을 빨리도 떠내려가, 채 10분도 지나지 않아 5정 정도(약 545m)도 내려가기 전에 서로의 모습은 뿌연 빗줄기에 가로막혀 버렸다. 말도 못하고 쓸쓸히 풀이 죽어 있던 가엾은 타미의 모습, 어찌 잊을 수 있을까? 타미를 그리워해 신의 노여움을 사서 당장 맞아 죽는 일이 있다고 해도 나는 타미를 그리워하지 않을 수 없다. 나이가 든 후의 생각에서 말하자면, 그렇게 했더라면 이렇게 했더라면 하고 생각하지 않은 적도 없었지만, 당시의 젊은 한 쌍의 사려에는 아무런 뾰족한 수도 없었던 것이다. 채소 가게 오시치는 집을 태우면 다시 사랑하는 사람을 만날 수 있을 것이라고 묘안을

p.92 짰는데, 우리 둘은 쌍여닫이문 하나를 몰래 열 정도의 지혜도 없었다. 그 정도로 순진하고 가련한 사랑이면서도, 또한 부모를 두려워하고 형제를 꺼리며, 남 앞에

서 눈물도 제대로 닦지 못했던 것은 얼마나 소심한 한 쌍이란 말인가.

나는 학교에 가서도 어쨌든 타미코 일만 생각나서 견딜 수 없다. 학교에 있으면서 이런 일을 생각해서 어쩔건데 하고, 내 스스로를 꾸짖고 격려해 보아도 아무 보람도 없다. 그런 말 끝에 바로 타미코가 떠오른다. 많은 사람들 속에 있으면 어떻게든 잊혀지기 때문에, 낮 동안은 될 수 있는 대로 혼자 있지 않도록 노력했다. 밤이 되도 자면 어쩔 수 없으니까, 될 수 있는 대로 사람들 속에서 북적대다가 지쳐서 잠들 궁리를 하고 있었다. 그런 상태로 마침내 한 해도 저물고 겨울방학이 되었다.

p.93 내가 12월 25일 오전에 집에 돌아와 보니, 뜰 전체에 벼를 말리고 있고, 어머니는 앞쪽 툇마루에 이불을 깔고 햇볕을 쬐고 계셨다. 요즘은 몸 상태도 꽤 좋으시다, 오늘은 형 부부와 남자 일꾼과 오마스는 산에 낙엽을 쓸러 갔다고 한다. 나는 '타미는?' 이라고 입 언저리까지 말이 나왔지만 결국 말하지 못했다. 어머니도 심술궂게 아무 말도 하지 않으신다. 나는 돌아오자마자 타미코 일을 묻는 게 너무나도 쑥스러워 그대로 언제나 쓰던 공부방을 정리하고 앉았다. 그러나 저녁때까지는 타미코도 돌아올 거라고 생각하면서 불안해하며 기다리고 있다. 모두가 돌아와 드디어 저녁 식사 시간이 되어도 타미코의 모습은 보이지 않는다, 게다가 어느 누구도 타미코에 관해 한마디도 하는 사람도 없다. 나는 타미코는 이미 이치카와로 돌아간 것이라 짐작하고, 다른 사람에게 묻는 것도 화가 나서 다른 이야기도 하지 않고 식사를 마치자 그대로 공부방에 들어가 버렸다.

p.94 오늘은 틀림없이 타미코를 만날 수 있을 것이라고 굉장히 기대하며 돌아왔는데, 이런 지경이라 아무 말도 못하고 힘이 빠지고 쓸쓸했다. 그렇다고 누구에게 이 고민을 말할 수도 없고 타미코의 사진 같은 것을 꺼내서 보고 있었지만, 조금도 마음이 개운해지지 않는다. 저 녀석 또 타미코가 없으니까 골똘히 생각만 해대고 있다고 여겨지는 것도 분해서, 겨우 마음을 다잡고 어머니 머리맡에 가서 저녁 늦게까지 학교 이야기를 들려 드렸다.

이튿날은 9시쯤 겨우 일어났다. 어머니는 아직 주무신다. 부엌에 나가 보니 다른 사람은 모두 또 산이며 어딘가로 나가고, 오마스가 혼자 부엌을 정리하려고 남아 있다. 나는 세수를 하자마자 밥도 먹지 않고, 집 뒤쪽 밭으로 나갔다. 올 가을 타미코와 둘이서 가지를 땄던 밭이 지금은 푸르디푸르게 푸성귀가 자라 있다. 나는 잠시 서서 딱히 어디를 보는 것도 아니고 타미코의 모습을 머릿속에 그리며 생각에 잠겨 있다.

p.95 "마사오, 뭘 그렇게 생각하고 있는 거야?"

오마스가 갑자기 뒤에서 그렇게 말하며 가까이 다가왔다. 내가 적당히 한두 마디 하자, 오마스는 갑자기 내 손을 잡으며 좀 더 이쪽으로 와서 여기 앉으라고 말하며, 짚이 쌓여 있는 곳에 자기도 걸터앉으며 나에게도 앉게 했다.

"마사오……타미는 정말로 가여웠어. 이 집 새언니도 정말로 심술쟁이어서 말이야. 어쩌면 그렇게 심보가 고약한 사람인지, 나도 참 이 집에 있는 게 싫어졌어. 어제 마사오가 오는 걸 뻔히 알면서 새언니가 이러쿵저러쿵 말을 해서, 그저께 타미를 이치카와에 돌려보냈어. 기다리는 사람이라도 있냐? 보고 싶은 사람이 몹시 기다려지냐? 하고 빈정대면서 타미를 울리면서 말이야,

p.96 어머니께도 뭐든지 미주알고주알 일러바친 것 같아, 결국 그저께 점심 전에 돌려 보내셨어. 마사오가 그저께 왔으면 만날 수 있었을 텐데. 마사오, 나는 타미가 가엽고 가여워서 미치겠어. 왜냐하면 네가 가고 나서는 완전히 눈물로 세월을 보내고 있는 걸, 마사오한테 편지를 보내고 싶지만, 그걸 자기는 할 수 없으니까 분하다고 했어. 내 방에 사흘 밤이나 벼루와 종이를 가지고 와서는 울었어. 타미도 처음에는 나한테도 숨기고 있었지만 나중에는 숨길 수 없게 된 거야. 나도 타미 때문에 얼마나 울었는지 몰라……."

바라보니 오마스는 벌써 눈물을 뚝뚝 흘리고 있다. 본래 오마스는 아주 사람 좋고 친절한 여자로, 나와 타미코가 눈앞에서 사이좋은 모습을 보이면 질투심을 일으키지만, 원래 집요한 성격이 아니어서 타미코가 혼자가 되면 타미코와 사이가 좋고, 내가 혼자가 되면 나에게 대단히 관심을 기울여주는 것이다.

p.97 그리고 나서 오마스는 내가 학교로 떠난 후에 타미코가 어머니에게 심하게 꾸지람 들은 일 등을 이야기했다. 그것은 대략적으로 이렇다. 심술궂은 형수가 뭘 말해도 어머니가 타미코를 사랑하는 것은 조금도 변하지 않았지만, 두 살이나 나이가 많은 타미코를 내 부인으로 삼는 것은 아무래도 안 된다고 생각하신 듯, 거기에는 형수도 이것저것 이야기를 해서, 며느리로 삼을 것이 아니라면 둘 사이는 될 수 있는 한 떼어놓을 궁리를 하지 않으면 안 된다. 어머니도 형수도 그런 마음을 갖고 있으니 타미코에 대한 처사는, 마사오를 마음에 두고 있어서는 안 된다는 것을 간접적으로 암시하고 있었다. 그쯤 되니 타미코가 자나깨나 끙끙 앓고 있는 게 남들 눈에도 띌 정도여서, 가끔은 잘 잊어버리기도 하고 불러도 대답이 늦거나 해서 어머니의 심기를 건드리는 일도 종종 있었다. 내가 학교에 가고 나서 스무날 정도 지나 11월 초순쯤, 타미코도

p.98 다른 사람들과 들에 나가게 되었는데, 어머니가 타미코에게 넌 잠시 남아서 응접실 주변을 걸레질 하고, 그리고 나서 뜰에 널어 놓은 돗자리를 창고에 정리해 넣고 들로 나가라고 지시하셨다. 타미코는 걸레질을 하고 나서 깜빡 잊어버리고 돗자리를 들여 놓지 않고 들로 나갔는데, 운이 나쁘게 그날 비가 내려서 그 돗자리 열 장 정도를 적셔 버렸다. 타미코는 비가 내리고 나서 알아차렸지만 이미 늦었다. 집에 돌아와 즉시 어머니께 용서를 빌었지만 어머니는 평소 일이 가슴에 남아 있어서,

"특별히 돗자리 열 장 정도가 아까운 게 아니라, 애당초 내 말을 소홀히 들어서 일어난 일이야. 원래 타미는 그렇지 않았어. 제멋대로만 생각하고 있으니 남이 하는 말도 귀에 들어오지 않는 거야……."

p.99 라는 식의 꽤 따끔한 잔소리를 했다. 타미코는 어머니 머리맡 가까이 다가가 제발 제가 잘못했으니 용서해 주세요……라고 양손을 짚고 엎드려 사과했다. 그러자 어머니는 또 '그렇게 특별히 남 같이 격식 차려서 사과하지 않아도 된다니까' 라며 야단치셨고, 타미코는 견딜 수 없어져서 으앙 하고 엎드려 울었다. 그대로 타미코가 울음을 그쳐 버리면 아무 일도 없이 끝났을 것을, 타미코는 결국 밤새도록 계속 울어서 다음 날 아침은 눈이 빨개져 있었다. 어머니도 밤중에 가끔 잠이 깨어 보면 타미코가 계속 훌쩍훌쩍 울고 있는 소리가 났었기 때문에, 이번에는 어머니가 대단히 역정을 내시며 오마스와 타미코 둘을 불러 떨리는 목소리로 말씀하시기를,

"당사자끼리만으로는 내가 어떤 억지소리를 말할지도 모르니까 오마스는 옆에서 들어 줘. 타미코는 어제 밤새도록 울었어. 틀림없이 나한테 혼난 것이 원통해서 참을 수 없었기 때문이겠지?"

p.101 타미코는 이 대목에서 '저는 그렇지 않아요' 라고 우는 소리로 말했지만 어머니는 귀도 기울여 주지 않고,

"과연 내 잔소리도 조금 지나쳤을지도 모르지만, 타미 너도 특별히 그렇게 분해하지 않아도 되지 않니? 나는 생각해 보니 정말로 한심해져 버렸다. 귀여워한 것을 공치사하는 것은 아니지만, 원래 말하자면 남이지만 젖먹이 때부터 타미코는 자주 우리 집에 머물러 마사오와 젖 두 개를 하나씩 물렸을 정도였고, 오마스가 오고 나서도 마찬가지로 두 개인 것은 하나씩, 네 개인 것은 두 개씩, 옷을 지어도 걔한테 하나, 애한테 하나 하는 식으로 조금도 차별하지 않고 왔다. 타미도 진짜 부모처럼 생각해 주고 나도 내 자식이라 생각해 남들은 그 누구도 둘을

p.102 형제로 생각하지 않는 사람이 없었을 정도였는데, 한 번의 잔소리를 그렇게 분해하면서 밤새 울지 않아도 되지 않니? 이치카와 사람들이 들으면 사이토 할망구가 얼마나 심한 말을 했길래 하고 생각하겠니? 십 몇 년이라는 세월 동안 내 자식처럼 생각해 온 것도, 단 한 번의 잔소리로 잊혀져 버린 건가 하고 생각하니 난 억울하구나. 인간이라는 건 그런 건가? 오마스, 잘 들어 줘, 내가 억지를 부리는 건지, 타미코가 억지를 부리는 건지, 응? 오마스."

어머니는 눈에 눈물을 글썽이며 그렇게 말했다. 타미코는 제정신이 아닌 듯한 모습으로 갑자기 오마스의 무릎에 매달려 울며 불며,

"오마스, 어머니께 해명을 해 줘. 나는 그런 당치도 않은 생각은 하지 않아. 어젯밤 그렇게 운 것은 전부 내가 잘못했으니 정말이지 내가 생각이 미치지 못해서 그런 거니까, 오마스야, 네가 그렇게 말씀 좀 잘 드려 줘……."

p.103 그리고 나서 오마스가,

"어머님의 역정도 지당하시지만, 제가 생각하기로는 어머님께서도 조금은 오해하고 계신 것 같아요. 어머니는 오랜 세월 타미를 귀여워하셨기 때문에, 타미의 성품은 알고 계시잖아요. 저도 이렇게 일 년 신세를 지고 있다 보니, 타미는 정말 상냥하고 온순한 사람이에요. 어머니께 조금 야단맞았다고 그걸 분해하면서 울거나 하는 사람은 아닐 거예요. 제가 이런 말씀을 드리는 건 이상하지만, 마사오와 타미는 그렇게 사이좋게 지내다가 어떤 사정으로 갑자기 헤어지게 된 거라서, 그리고 나서 타미는 불쌍할 만큼 기운이 없어요. 나뭇잎이 흔들려도 한숨을 짓고, 까마귀 우는 소리에도 눈물을 글썽이고, 건드리면 금방이라도 울어 버릴 것 같은 상태로 있던 차에 어머니께 좀 호되게 야단맞으니 한없이 울었던 걸 거예요.

p.104 어머니, 저는 정말 그렇게 생각해요. 타미는 결코 어머니께 꾸중 들었다고 해서 억울해 할 사람은 아니에요. 타미 같은 온순한 아이를 어머니처럼 그렇게 말씀하시며 혼내는 건 너무 불쌍해요."

오마스가 함께 울며 변명을 하니 원래부터 타미가 밉지 않던 어머니라 갑자기 얼굴빛을 고치며,

"그래, 오마스가 그렇게 말하니 나도 좀 오해하고 있었던 것 같구나. 오마스야 정말 잘 말해 줬어. 난 이제 마음이 완전히 풀어졌다. 타미야, 아무 말 하지 말고 있어 줘, 이제 더 이상 울지 말거라. 타미도 불쌍했어. 뭘 그러니, 마사오는 학교에 간 거잖니? 연말에는 돌아온단다. 그치? 오마스, 넌 오늘은 일을 쉬고 맛있는 거라도 만들어 주렴."

p.105 그날은 셋이 몇 번이고 모여서 여러 가지 음식을 만들어서는 다과회를 하고 하루를 재미있게 이야기를 나눴다. 타미코는 이날은 전에 없이 큰 소리로 웃고 활기차게 놀았다. 뭐니 뭐니 해도 어머니 쪽은 바로 말이 통하지만, 형수가 틈만 나면 온갖 것을 말하는지라, 결국 내가 돌아오기 전에 타미코를 이치카와로 돌려보냈다는 이야기였다. 오마스는 긴 이야기를 마치자마자 바로 집으로 돌아갔다.

역시 그랬던 건가? 형수는 물론 어머니까지 생각이 그랬다면 실낱 같은 희망도 끊어져버린 것과 마찬가지. 허전한 마음 달랠 길 없어 우는 것 외엔 달리 방법이 없었던 것이겠지. 어머니에게 그렇게나 야단맞았단 말인가……. 하룻밤 내내 울었다니……과연, 그랬구나 하고 생각하자 다시 뜨거운 눈물이 넘쳐흐르기 시작하여 한없이 흐른다. 나는 잠시 동안 눈물이 나오는 대로 그대로 그곳에 멍하니 있었다. 그날은 결국 아침밥도 먹지 않고, 점심 지나서까지 밭 근처를 헤매고 다녔다.

p.106 그러자 갑자기 집에 있기가 싫어져 견딜 수가 없다. 가능하다면 올해가 다 가기 전에 학교로 돌아가 버리고 싶었지만, 그렇게도 못하고 결국 꾹 참고, 해를 넘겨 설날을 지나고 2일에는 아침 일찍 학교로 떠나 버렸다.

이번에는 육로를 이용해 이치카와로 나와, 이치카와에서 기차를 탔기 때문에 타미코 집 근처를 지났지만 나는 쑥스러워서 도저히 타미코네 집에 들를 수 없었다. 또 내가 들르면 타미코가 곤란하겠지 라는 생각도 들어서, 몇 번이나 들를까 생각했지만 결국 들르지 않았다.

생각하면 실로 사람의 경우란 변화하는 법이다. 그 일 년 전까지는 타미코가 우리 집에 와 있지 않으면, 나는 일요일마다 타미코네 집에 갔다. 나는 타미코네 집에 가도 다른 사람에게는 볼일이 없다. 늘,

"할머니, 타미는요?"

p.107 저 봐, "타미는요?"가 왔어 라는 말을 들을 정도로, 어떤 때에는 내가 가 보면 타미코는 뜰에서 국화꽃을 꺾고 있었다. 나는 "타미 이리 좀 와."라고 무리하게 뒤쪽으로 끌고 가, 두 간 정도(약 3.6m) 되는 사다리를 둘이서 짊어지고 나와, 감나무에 걸치고는 그것을 타미코에게 붙잡게 하고 내가 올라가 감을 여섯 개쯤 딴다. 타미코에게 반을 주면 타미코는 하나로 충분하다고 말해서, 나는 그 다섯 개를 들고 그대로 뒷문으로 빠져나와 집으로 돌아와 버렸다. 과연 이때는 토무라의 집에서도 집안사람 모두 나를 흉봤다고 하는데, 타미코는 혼자 그저 방긋방긋 웃으며 절대로 마사오가 나쁘다고는 말하지 않았다고 한다. 이 정도로 격의 없이 지냈던 사이조차, 사랑이라는 것을

알고 나서는 이치카와 마을을 지나는 것조차 부끄러워진 것이다.

p.108 그해 여름방학에는 집에 돌아가지 않았다. 연말에도 돌아가지 말아야지 라고 생각했는데, 어머니에게서 한 해의 끝이니 하루나 이틀이라도 돌아오라는 편지가 온지라 섣달 그믐날 밤에 돌아왔다. 오마스도 올해만 자기 집으로 내려갔다고 하고, 결국 말상대도 없고 해서, 또 설날 하루만 지내고 2일에 떠나려고 하자 어머니가 "너에게도 얘기해 두겠는데 타미코는 시집갔어, 작년 음력 11월 같은 이치카와 사람으로 대단히 유복한 집이라더라."라고 간단하게 말하는 것이었다. 나는 "아, 그래요?"라고 아무렇지도 않게 대답하고 나와 버렸다.

타미코는 시집을 갔다. 이 한마디를 들었을 때의 내 마음은 내 자신도 이상하리만치 평온했다. 내가 타미코를 생각하는 감정에 아무런 동요를 일으키지 않았다. 이렇게 된 데는 뭔가 상당한 이유가 있을지도 모르지만 어쨌든 사실은 그렇다.

p.109 나는 단지 아무런 이유 없이 타미코는 어떤 처지에 있어도, 나를 생각하는 마음은 결코 변함없을 것이라 믿고 있다. 시집을 가든 뭘 하든 타미코는 여전히 타미코이고, 내가 타미코를 생각하는 마음에 한 치의 변함도 없는 것처럼, 타미코도 결코 변함없을 것이라고 여겨졌고, 그런 관념은 거의 큰 바위 위에 앉아 있는 것 같아 털끝만큼의 염려도 없다. 그렇기 때문에 타미코가 시집을 갔다는 말을 들어도 조금도 놀라지 않았다. 그러나 그 무렵부터 지금까지는 하지 않던 생각도 생겨났다. 타미코는 그저 조금도 기운이 없이 야위어 우울해 하고 있을 거야라고만 생각되어 견딜 수 없다. 불쌍한 타미코라는 생각만 높아져 갔다. 그런 형편이었기 때문에 학교에 가도 이전과는 정반대가 되어, 그 전에는 애써 사람들 틈에 끼어 고민을 달래려 했지만,

p.110 이번에는 될 수 있는 대로 사람들을 피해 혼자서 타미코 생각을 하며 즐거워하고 있었다. 가지밭 일이며 목화밭 일이며, 13일 밤의 쓸쓸한 바람이며, 또 야기리 나루터에서 헤어진 때의 일을 계속 되풀이해서 생각하고는 홀로 위로하며 지냈다. 타미코만 생각하면 늘 기분이 좋아진다. 물론 슬픈 기분이 드는 일이 종종 있기는 하지만, 실컷 울고 난 뒤에는 역시 기분이 좋아진다. 타미코를 생각하고 있노라면 오히려 학과 성적도 나쁘지 않은 것이다. 이 또한 참 이상한 일 중 하나로, 어떤 이유인지 모르지만 나는 실제로 그랬다.

p.111 어느덧 달도 지나고 잊을 수도 없는 6월 22일, 내가 산수 문제 풀이에 고심

하며 생각하고 있자니, 심부름하는 아이가, "사이토 씨 집에서 전보예요."라고 말하며 책상 끝에 두고 갔다. 예의 '급 귀가 요망'이었기 때문에 즉시 사감에게 이야기하고 그날로 집에 돌아왔다. 무슨 일이 일어난 걸까 라며 심장을 몹시 두근거리며 돌아와 보니, 초저녁 어둠 속 집 안의 모습은 의외로 조용하다. 부엌에서 집안사람들이 저녁을 먹는 시간이었는데, 단지 거기에 어머니가 보이지 않을 뿐 아무런 이상한 낌새도 없다. 나는 부엌에는 얼굴도 내밀지 않고 바로 어머니의 침실로 왔다. 등불 빛도 어두침침하고 어머니는 베개에 머리를 딱 붙이고 드러누워 계신다.

p.112 "어머니, 어찌 된 일이에요?"

"아, 마사오, 빨리 잘 돌아와 주었구나. 지금 나도 일어날 테니 너 식사 전이면 밥부터 먹거라."

나는 무슨 일일까 자꾸 신경이 쓰였지만, 어머니가 이르시는 대로 서둘러 식사를 마치고 다시 어머니가 계신 방으로 온다. 어머니는 허리띠를 두르고 이불 위에 일어나 계셨다. 내가 앞에 앉아도 그저 아무 말씀이 없다. 자세히 보니 어머니는 빗방울 같은 눈물을 떨어뜨리며 고개를 숙이고 계신다.

"어머니, 도대체 어떻게 된 거예요?"

내 말에 힘입어 어머니는 겨우 눈물을 닦으시며,

"마사오, 용서해 다오……타미는 죽어 버렸어……내가 죽인 거나 다름없어……."

"그게 언제에요? 왜 타미가 죽었어요?"

내가 정신없이 다그치자 어머니는 다시 목이 메어 얼굴을 가리신다.

p.113 "자초지종을 들으면 필시 못된 부모라고 생각하겠지만, 용서해 다오, 마사오……너한테 한 마디도 안 하고, 굳이 싫다는 타미를 무리하게 권해서 시집을 보낸 게 이렇게 되어 버렸어……설령 여자 쪽이 나이가 많더라도 당사자들끼리 납득하면 특별히 부모라고 해서 쓸데없는 말참견을 하지 않아도 되는 것을, 이 엄마가 나잇값도 못하고 부모답지 못하게 쓸데없는 참견을 해서 돌이킬 수 없는 짓을 저질러 버렸다. 타미코는 내가 직접 죽인 거나 마찬가지야. 제발 용서해 다오, 마사오……나는 타미코의 뒤를 따라가고 싶어……."

어머니는 이제 엉엉엉엉 소리를 내며 우신다. 타미코가 죽었다는 것만은 알았는데, 뭐가 뭔지 더욱 더 모르겠다.

p.114 나 역시 타미코가 죽었다는 것을 듣고 실신할 정도의 기분이었지만, 지금 눈

앞에서 어머니의 탄식이 범상치 않은 것을 보고는 울고 싶어도 울 수 없고, 내가 허둥대고 있는 차에 형 부부가 들어왔다.

"어머니, 뭐 그렇게 우신들 별 수 없잖아요."

라고 하니 어머니는, "신경 쓰지 말고 울게 내버려 둬, 울게 내버려 둬."라고 말한다. 어쩔 도리가 없다.

그러는 동안 겨우 형수가 이야기하는 걸 들으니, 이치카와의 아무개라는 집으로, 상대 남자의 기질도 알려져 있는데다, 재산도 토무라 집의 배 이상이고, 그런 까닭에 상대편에서 무리하게 타미코를 원하고, 중매인이라는 사람도 토무라가 신세를 지는 사람이다, 꼭 시집보내고 싶다, 꼭 시집가 달라고 얘기가 되었던 것이다. 타미코는 아무튼 싫다고 한다. 타미코가 싫다고 하는 마음은 잘 알지만, 마사오 쪽은

p.115 나이도 차이나고, 앞날이 멀고 하니 어떻게든 아무개 집에 시집보내고 싶다는 것은, 토무라 사람들은 물론 친척들까지의 희망이었다. 그래서 결국 우리 어머니에게 타일러 주시도록 말씀드리자고 논의가 되어, 우리 어머니가 타미코에게 몇 차례 타일렀지만 울기만 할 뿐 승낙하지 않으니, 결국에는, 네가 그렇게 고집을 부리는 것도 마사오에게 시집오고 싶은 생각에 그런 거겠지만, 그건 이 엄마가 승낙할 수 없어, 너는 그래도 이번 혼담을 받아들이지 않을 거니? 이런 식으로 말을 들으니 타미코는 완전히 자신을 포기한 듯 마침내 '모두가 원하는 대로 하세요' 라고 말하며 승낙했다. 그리고 나서는 모든 일이 남들이 하는 대로 진행되어, 음력 11월 중순에 혼례를 올렸는데, 타미코의 마음이 진정한 승낙이 아니었기 때문에, 저쪽에서도 다소 싫증이 나고, 타미코는 임신했지만

p.116 6개월에 유산되어 버렸다. 그 후 회복이 대단히 나쁘더니 마침내 6월 19일에 숨을 거뒀다. 병중에 나에게 알리자는 이야기도 있었지만, 이제 와서 마사오에게 알릴 면목도 없다고 해서 알리지 않았다. 우리 어머니는 타미코가 그래도 말을 할 수 있을 때부터 이치카와에 가 계셨고, 타미코가 가망이 없어지자, 정말이지 울고 또 울고 계속 우셨다. 한마디 할 때마다 "타미코는 내가 죽인 거나 마찬가지야."라고만 하시니, 이치카와에 계속 계시면 어떻게 될지 모른다는 이유로 어제 차로 집에 모셔 왔던 것이다. 이야기만 하면 울고, 울기만 하면 "내가 나빴다, 나빴다."라고만 하신다. 아무도 어찌할 방도가 없어서 마사오에게 전보를 쳤다. 타미코도 불쌍하고 어머니도 불쌍하고, 돌이킬 수 없는 일이 되어 버렸다. 마사오, 어떻게 하면 좋을까?

p.117 형수의 이야기로 대략은 알았지만 나도 어떻게 해야 좋을지 거의 어찌할 바를 몰랐다. 어머니는 이미 반실성하셨다. 어쨌든 이 상황에서는 어머니의 마음을 안정시키는 것이 가장 급선무라고는 생각했지만 위로할 방법이 없다. 나도 차라리 미쳐 버렸으면 하고 생각했을 정도라 어머니를 위로할 만큼의 기력은 없다. 이럭저럭 하고 있는 동안에 겨우 어머니도 조금 안정을 되찾아 또 이야기하기 시작하셨다.

"마사오, 들어 보렴. 나는 이미 내 자신의 사악함에 질려 버렸다. 어째서 타미코에게 그렇게 심한 말을 해 버렸을까? 이제 와서 아무리 후회해도 소용없지만, 난 마사오…… 타미코에게 이렇게 말했단다. 마사오와 부부가 된다는 건 이 어미가 승낙할 수 없으니까 너는 다른 데 시집가거라. 정말 타미코는 나한테 그런 말을 듣고 보니 자신의 처지를 포기하는 수밖에 없었을 거야. 어째서 그런 잔혹한 말을 했던 걸까. 아, 가엾은 짓을 해 버렸다. 정말이지 내가 사악한 말을 했기 때문에 타미코는 죽은 거야. 너는 말이야,

p.118 내일은 날이 밝으면 바로 가서 타미코의 무덤에 다녀오거라. 그리고 엄마가 나빴다는 걸 잘 사과해 주렴. 알았지? 마사오."

나도 겨우 울 수가 있었다. 설령 어떤 사정이 있었다고 해도, 확실히 가망이 없어졌을 때에는 만나게 해 주었어도 좋았을 텐데, 죽고 나서 알려주는 건 아주 심한 처사다. 타미도 나를 만나고 싶었겠지? 시집을 가 버려 미안하게 생각했겠지만, 그래도 임종 직전에는 틀림없이 나를 만나고 싶었을 거야. 정말 몰인정한 짓이다. 생각해 보면 나 또한 너무나 어린아이였다. 그 후에 세 번이나 이치카와를 지나면서도 찾아가지 않은 것은, 이제 와서 후회가 되어 견딜 수 없다.

p.119 나는 타미코가 시집을 가든 가지 않든 단지 타미코를 만나기만 하면 되는 것이다. 한 번만이라도 만나고 싶었다……계속해서 끝없이 생각이 넘친다. 그러나 어머니에게 그런 말을 하면 이번에는 내가 어머니를 죽이는 게 될지도 모른다. 나는 다시금 마음을 다잡았다.

"어머니, 정말로 타미코는 불쌍했어요. 하지만 돌이킬 수 없는 일을 아무리 후회해도 어쩔 수가 없으니, 뒷일을 정성스럽게 해 줄 수밖에 없어요. 어머니는 단지 자신이 나쁜 것처럼만 받아들이고 있는데, 어머니 또한 마음은 그저 타미코를 위해 마사오를 위해 한결같이 생각해 주셨던 거니까, 비록 그게 생각한 대로 되지 않았다고 해도 타미코나 우리가 어떻게 어머니를 원망하겠어요? 어머니의 마음은 어디까지나 자애심으로 그러셨다는 것을, 타미코도 결코 원망하지는 않을 거예요.

p.121 이 모든 건 이렇게 될 운명이었던 거겠죠. 저는 벌써 단념했어요. 아무쪼록 이렇게 된 바에는 어머니도 단념해 주세요. 내일 아침은 날이 밝으면 바로 이치카와에 다녀올게요."

어머니는 또 말을 이으시며,

"그렇구나, 이 모든 것이 이렇게 될 운명일지도 모르지만, 이번만큼은 나는 너무나 후회했단다. 흔히 팔불출 부모라는 말이 있는데, 그 팔불출 부모가 말도 안 되는 나쁜 짓을 저질렀어. 부모는 언제나 사리분별이 있다고 여기지만 대단한 잘못이었어. 나는 아미타불님께 기대어 구원받는 방법 외에 살아날 길은 없다. 마사오, 너는 몸을 소중히 하거라. 생각해 보면 타미는 오랜 세월 동안 한 번도 내 말을 거역한 적은 없었어, 온순한 아이였던 만큼 내가 저지른 일이 후회되어 견딜 수 없구나,

p.122 도저히 불쌍해서 못 견디겠어. 타미코 임종 때의 일도 너한테 이야기해 들려주고 싶지만 나는 도저히 그걸 못하겠다."

라고 하시며 또 목소리를 흐리신다. 이야기하면 할수록 더 슬퍼진다고 해서 억지로 모두 잠자리에 들기로 했다.

어머니 앞에서, 형 부부 앞에서, 울지 않으려고 참고 겨우 참았던 나는 내 모기장에 들어가 이불에 눕자, 더 이상 참을 수 없어 한꺼번에 복받쳐 오른다. 입에는 수건을 물고 눈물을 흘렸다. 얼마나 울었는지 옆방의 어머니가 날이 밝은 것 같다며 말을 하실 때까지 조금도 멈추지 않고 눈물이 나왔다. 옷을 입은 채로 누워 있던 나는 그대로 일어나 세수를 하자마자 아직 어둑어둑하지만 집을 나선다. 꿈처럼 2리 길을 달려 해가 겨우 지평선에 모습을 드러냈을 때에 토무라 가의 문 앞까지 이르렀다. 이 집의 아궁이가 있는 곳은 뜰에서 정면으로 바라보인다.

p.123 아침밥을 지으려고 밀짚으로 불을 지펴 타닥타닥 소리가 난다. 내가 앞마루 끝에 서자 안에 있던 할머니가 빨리도 발견하고 나오신다.

"카네야, 카네야, 토미야……마사오가 왔어. 아이고, 마사오 잘 왔구나. 이렇게 일찍. 자, 들어오너라. 이제 막 일어났단다. 자……카네야……."

타미코의 아버지와 어머니, 타미코의 언니도 왔다.

"어머, 잘 왔구나. 네가 오기를 기다렸어, 어쨌든 들어와서 밥 먹거라……."

나는 들어가지도 않고 앉지도 않고 잠시 말없이 서 있었다. 겨우,

"타미의 묘에 다니러 왔어요."

p.124 애절한 모습이 보고 있을 수 없을 정도로 비춰졌는지, 네 사람 모두 말문이 막혀 버렸다. ……드디어 아버지가,

"그래도 자, 아침을 조금 들고 가는 게 어떻겠나? ……아아 그런 건가? 그럼 모두 다녀오는 게 좋겠군……아니 옷 같은 건 갈아입지 않아도 괜찮잖아?"

여자들은 벌써 코를 훌쩍거리며 "그럼."하면서 일어선다. 물을 들고, 향을 들고, 정원에 피어 있는 꽃을 많이 꺾는다. 매발톱꽃, 천일홍, 달리아, 저마다 손에 나누어 들고 나선다. 감나무 아래에서 뒤로 빠져나가 노송나무 울타리의 뒷문을 나서자 소나무 숲이다. 복숭아밭과 배밭 사이를 지나니 얼마 안 되는 논이 있다. 그 앞의 소나무 숲 한구석에 잡목림 숲이 있고 많은 무덤이 보인다. 토무라 집안의 묘지는 감탕나무 네다섯 그루를

p.125 중심으로 하여, 여섯 평쯤을 갈라 나누어 있다. 그 적당한 곳에 있는 새 무덤이 타미코가 영원히 안주한 곳이었다. 묻고 나서 비도 맞지 않아 진짜 새것인 채로, 소원 종이도 지금 막 묶은 듯하다. 할머니가 앞으로 나가,

"자, 마사오, 뭐든 네 손으로 해 주거라. 타미코를 위해서는 참으로 천승의 공양보다 나은 네 향과 꽃, 아무쪼록 마사오, 잘 참배해 주거라……오늘은 타미코도 틀림없이 무덤 속에서 기뻐할거야……응? 이 사람을 하다못해 한 번만이라도, 눈을 감지 못하는 타미코에게……아니, 하다못해 한 번만이라도 만나게 해 주고 싶었는데……."

p.126 세 사람이 눈을 비비고 있는 모습. 나는 향을 올리고 꽃을 올리고 물을 따르고 나서 앞에 웅크리고 앉아 마음에 찰 때까지 절을 했다. 정말로 비참하다. 수명이 다 되어 죽는 것은 하는 수 없지만, 오랫동안 앓고 있는 동안에 아아, 문병 와 주고 싶었다, 한 번만이라도 만나고 싶었다. 나도 타미코를 만나고 싶었는걸, 타미도 틀림없이 나를 만나고 싶었을 것이다. 무리하게 강요당했다고는 해도, 시집가고 나서는 나를 볼 면목이 없다고 생각했음에 틀림없다. 생각하면 그것이 가여워 견딜 수 없다. 그렇게 온순한 타미인걸, 부모부터 모든 친척들에 이르기까지 그 많은 사람들로부터 강요받았으니, 어떻게 그걸 거절할 수 있단 말인가. 타미가 기가 센 사람이라면 틀림없이 자살을 했겠지만 온순한 사람인 만큼 그것도 할 수 없었던 것이다. 타미는 시집을 가도 내 마음에 변함은 없다고 적어도 내 입으로 한마디 전하고 보내고 싶었다. 세상에 비참하다고 해도 이렇게 비참한 일이 또 있을까? 나도 더 이상 살고 싶지 않다……나도 모르게 소리를 내며, 나는 양 무릎과 양손을 땅바닥에 대고 엎드려 버렸다.

p.128 내 모습을 보고 뒤에 있던 사람들이 얼마나 울었던지. 나도 나 혼자가 아니라는 것을 깨닫고는 겨우 일어섰다. 세 사람 중 누가 말하는 건지,

"어째서 타미코는 마사오라는 말을 한마디도 하지 않은 것인지……."

"그만큼이나 서로 생각하는 사이라는 걸 알았더라면 그렇게 권하지는 않았을 것을."

"어렴풋이는 알고 있었지만, 이 사람 마음도 물어보지 않고, 타미코도 그만큼 싫어했던 것을……아무리 어리다고 해도 너무했어……불쌍하게……."

세 사람도 향과 꽃을 올리고 물을 따랐다. 할머니가 또,

"마사오, 네 소원종이를 묶어 주거라. 많이 묶어 주거라. 타미코는 너의 연정의 힘에 의지해 저 세상으로 갈 거야. 나무아미타불, 나무아미타불."

p.129 나는 품속에 있던 종이를 모조리 힘지팡이에 묶는다. 이때 문득 깨달았다. 타미는 들국화를 아주 좋아했는데 들국화를 파 와서 심으면 좋았을 걸. 아니, 바로 파와서 심자. 이렇게 생각하고 주위를 둘러보니 이상하게도 들국화가 우거져 있다. 문상객들에게 밟힌 듯하지만 여전히 줄기가 돋아나 푸르디푸르다. 타미는 들국화 속에 묻힌 것이다. 나는 겨우 조금 진정하고 사람들과 함께 묘지를 물러났다.

"저는 아무것도 먹고 싶지 않습니다. 밥은 물론 차도 필요 없습니다, 이대로 물러가겠습니다, 내일 또 일찍 오겠습니다." 하고 돌아가려 하자 집안사람 모두 만류한다. 타미코의 어머니는 더 이상 참을 수 없는 듯한 표정으로,

p.130 "마사오, 네가 그렇게 돌아가면 우리는 어찌할 바를 몰라. 네가 유쾌하지 않은 심정이란 건 충분히 짐작하고 있어. 생각해 보면 우리가 미처 헤아리지 못했기 때문에 타미코도 가엾게 죽게 만들고, 마사오한테도 면목 없는 짓을 했어. 우리는 어떻게든 네게 사죄할게. 타미코를 불쌍하다고 생각하면 부디 타미코의 임종 때 얘기도 듣고 가주렴. 네가 오면 이야기하려고, 오늘은 올까 내일은 올까 하고, 실은 집안사람 모두가 기다리고 있었으니 아무쪼록……."

그런 말을 들으니 나도 돌아갈 수는 없고, 어머니도 그렇게 말씀하셨던 것을 생각해 내고 응접실로 들어갔다. 차며 밥이며 차려져 나왔지만 먹는 시늉만 하고 식사를 마친다. 그 사이에 사람들은 모두 방안에 모이고 할머니가 이야기를 꺼냈다.

p.131 "마사오, 타미코의 일에 대해서는 우리 모두 진심으로 미안하고, 너를 볼 면목이 없단다. 너에게 여러 가지로 원통한 점도 있겠지만, 아무쪼록 마사오, 지난 일이라고 단념하고 용서해 주려무나. 네게 용서를 비는 것이 무엇보다 타미코에게 공양이 돼."

나는 단지 이미 가슴이 벅차서 아무 말도 할 수 없다. 할머니는 이야기를 계속한다.

"사실을 말하자면, 네 어머니를 비롯해 나, 그리고 타미코의 부모 모두 너와 타미코가 그만큼 깊은 사이였는지 몰랐던 거니까."

나는 여기서 한마디 꺼낸다.

"타미코와 제가 깊은 사이라고 말씀하셔도, 타미와 저는 아무 짓도 하지 않았습니다."

p.132 "아니, 너와 타미코가 어떻게 했다고 말하는 게 아니야. 원래 너와 타미코는 사이가 너무 좋았기 때문에 그걸 몰랐던 거야. 게다가 타미코는 그만큼이나 내성적인 아이였기 때문에 너에 관한 일은 한마디도 입 밖에 내지 않았어. 그걸 전혀 몰랐다고는 할 수 없겠지. 그러니까 사과를 하는 거야……."

나는 모두에게 그런 사과를 받을 이유는 없다고 말한다. 타미코의 아버지는 사죄를 하게 해 달라고 한다.

"그건 마사오 자네 말이 백 번 맞지. 우리가 멋대로 일을 저질러 놓고 멋대로 자네한테 말하겠다는 것이지만, 마사오 들어 주게, 핑계는 아니야. 아버지 입에서 이런 말 하는 것도 좀 그런데, 타미코는 목숨과도 바꿀 수 없는 뜻을 버리고, 부모의 희망에 따른 걸세. 부모의 명령이라 거역할 수 없다고 생각해도, 과연 감정을 억누르는 건 무리한 점이 있었던 게지, 타미코의 죽음은 완전히 그 때문이니까,

p.133 부모 입장이 되어 보면 너무나도 후회스럽고, 너무나 유감스러워, 아무 짓도 하지 않았다고 마사오가 말한 대로, 너희 둘에게 아무 죄도 없는 만큼, 부모 눈에는 가엾은 마음이 한층 더해. 그렇게나 얌전했던 타미코는 자신이 죽는 것은 자기 팔자라고 체념해서 그런지, 여태까지 한 번도 불만 같은 것도 드러내지 않았네. 이것저것 생각해 보면 말일세, 아무리 생각해도 부모가 다소 무자비했던 것 같아서……. 마사오, 헤아려 주게. 보는 바와 같이 집안사람 모두가 이미 암흑같은 슬픔에 갇혀 있네. 어리석은 일이겠지만 이 경우 자네가 타미코 얘기를 들어 주는 게 가장 큰 위안으로 여겨지니까, 나잇값 못하는 말을 하는 것 같지만 아무쪼록 들어 주게."

할머니가 또 이야기를 계속한다. 결혼 이야기부터 마침내 상태가 힘들어질 때까지의 이야기는 형수가 집에서 한 이야기와 마찬가지였고, 임종 날의 이야기는 이랬다.

p.134 "6월 17일 오후에 의사가 와서, 이제 하루이틀 남았으니 친척 등에게 알릴 거라면 오늘 중으로라도 알리는 게 좋겠다고 해서, 그렇다면 하고 우선은 네 어머니께 알렸더니 18일 아침 뛰어오셨지. 그날은 타미코는 얼굴빛이 좋고 이야기도 또렷하게

했지. 네 어머니가 오셔서 "타미야, 절대로 마음을 약하게 먹어선 안 돼. 어떻게 해서든지 금방 나을 생각을 하렴, 타미야…….' 타미코는 싱긋 웃는 얼굴마저 보이며, '야기리 어머니, 여러 가지로 감사드려요. 오랫동안 귀여워해 주신 은혜는 죽어도 잊지 못할 거예요. 저도 이제 오래 살지는 못할 거예요.' '타미야, 그렇게 마음 약한 생각을 해서는 안 돼. 절대로 그런 일은 없을 테니까, 정신을 똑바로 차리지 않으면 안 돼.' 하고 네 어머니가 말했더니, 타미코는 잠시 있다가, '야기리 어머니, 저는

p.135 죽는 게 소원이에요. 죽으면 그걸로 족해요…….' 하고 말하고서는 또 입속으로는 뭔가 말한 듯한데, 아무래도 마사오, 네 일을 말했음에 틀림없는데 잘 알아들을 수 없었어. 그 이상을 아무 말도 하지 않고 다음 날 새벽녘에 숨을 거두었지……. 그리고 마사오 이렇게 된 거야……. 날이 밝고 나서 베개를 바로잡으려 할 때 그 애 어머니가 발견한거야, 타미코가 왼손에 붉은 비단 조각으로 감싼 작은 물건을 쥐고 그 손을 가슴에 얹고 있었던 거야. 그래서 집안사람들 모두가 모여 이걸 어쩔까 하고 의논했는데, 딱한 마음도 들지만 보지 않고 두는 것도 마음에 걸린다, 아무튼 열어 보는 게 좋겠다고 그 애 아버지가 말해서 모두가 있는 데서 열었단다. 그게 마사오 네 사진이랑 네 편지였던 거야……."

p.137 할머니가 울기 시작하자 그곳에 있던 모두가 눈물을 닦고 있다. 나는 오로지 방바닥을 바라보고 있었다. 이윽고 할머니가 간신히 말을 잇는다.

"그 편지를 오토미가 읽고 모두 한꺼번에 소리를 내며 울었지. 그 애 아버지는 남자인데도 큰 소리로 우는 거야. 네 어머니는 실성하지 않을까 싶을 정도로 목 놓아 우셨단다. '너희 둘이 이 정도의 사이인지는 모르고 억지로 떠밀어 시집보낸 거는 나빴어. 아아, 나쁜 짓을 저질렀던 거야, 가여워라 타미야, 용서해다오, 내가 나빴으니 용서해다오.' 갑자기 일어난 큰 소란이라 근처 사람들이 무슨 일이냐고 물으며 찾아올 정도였지. 그래도 네 어머니는 도저히 눈물을 멈추지 않으셨단다. 몸을 해치시면 어쩌나 싶어 장례식이 끝나자 차로 보내드렸을 정도였지. 자신을

p.138 포기한 타미코의 마음을 이렇게 알고 보니, 누구나가 마찬가지로 새삼스럽게 억지로 시집보낸 것이 후회되어 견딜 수 없구나. 생각하면 생각할수록 그 아이가 가엽고 가여워서 어찌할 바를 모르겠어……그나마 네가 와 주어서 모두 잘못한 것을 너에게 충분히 사죄하고, 또 그 애 무덤에도 향과 꽃을 네 손으로 올려 준다면, 조금은 집안사람들의 마음도 편해질까 싶어서……오늘을 얼마나 기다렸는지. 마사오, 아무쪼록

이해해 주길 바래. 응? 타미코는 너를 버린 게 아니야. 부디 가련하게 생각해 주려무나……."

말 한마디 한마디에 모두 눈물바다로 나도 잠깐 엎드려 울어 버렸다. 타미코는 죽는 게 소원이라고 했던가? 그렇게 말했던가?……우리 어머니가 그렇게 자신을 책망하며 우신 것도 당연한 것이었다. 나는,

p.139 "할머니, 잘 알았습니다. 저는 타미코의 마음을 잘 알고 있습니다. 작년 연말에 타미가 시집갔다고 들었을 때조차, 저는 타미를 털끝만큼도 의심하지 않았는걸요. 어떤 일이 있어도 제가 타미를 생각하는 마음은 변함없습니다. 우리 어머니도 그저 그 말만 하시며 한탄하시는데, 그것도 모두 악의가 있어 한 처사가 아니기 때문에, 저는 물론 타미 또한 결코 원망스럽게는 생각하지 않습니다. 이 모든 것이 정해진 운명이라고 생각하고 단념하겠습니다. 저는 당분간 매일 묘소에 들르겠습니다……."

말하고는 울고 울고는 말하고, 이 사람이 한마디 저 사람이 한마디 아무리 울어도 끝이 없다. 나는 어머니 일도 마음에 걸려 점심 무렵 토무라의 집을 물러났다. 토무라의 어머니는, 타미코의 무덤 앞에서의 내 행동이 너무 가슴이 아파서 집으로 돌아가는 길이 걱정이 된다시며, 직접 야기리 입구까지 배웅해 주셨다.

p.140 타미코의 가련함은 아무리 생각해도 단념할 수 없다. 아무리 울어도 울음을 멈출 수 없다. 그렇지만 또 눈앞에 계신 어머니가 죄책감에 시달려 스스로 큰 죄를 저질렀다고 믿고 한탄하고 있는 가련함을 보면, 나는 아무래도 지금은 타미코 때문에 울고만 있을 수는 없다. 내가 훌쩍훌쩍 하고 있으면 어머니의 괴로움은 늘기만 할 뿐이라는 걸 깨달았던 것이다. 그리고 나서 오로지 내 스스로가 스스로를 격려하고, 활기찬 척하며 오로지 어머니를 위로할 궁리를 했다. 그래도 마음에 없는 것은 어쩔 수 없는 것, 어머니는 어느새 살짝 눈치를 채신 듯한 모습, 그렇게 되면 내가 집에 없는 것이 최상이다.

p.141 매일 같이 7일 동안 이치카와에 다니며, 타미코의 무덤 주위에는 온통 들국화가 심겨졌다. 그 다음날에 나는 어머니의 마음이 충분히 쉴 수 있도록 내 마음을 말씀드리고, 굳은 결심으로 학교로 떠났다.

*　　　*　　　*

타미코는 어쩔 수 없이 결혼을 하고 결국 세상을 떠났고, 나는 어쩔 수 없이 결혼을 하고 오래도록 살고 있다. 타미코는 내 사진과 내 편지를 가슴에서 떼지 않고 지니고 있겠지. 저승과 이승은 까마득히 떨어져 있어도 내 마음은 하루도 타미코 생각에서 떠나지 않는다.

마음에 깊은 감명을 남기는 문장, 꼭 기억해 두고 싶은 문장을 적어보세요.

다락원 일한 대역문고 – 고급9

들국화의 무덤
野菊の墓

지은이 伊藤左千夫
역 주 조주희, 백송종
펴낸이 정규도
펴낸곳 (주)다락원

초판 1쇄 발행 2008년 11월 20일
초판 3쇄 발행 2020년 3월 6일

편집장 이경숙
책임편집 송화록, 임혜련
교정 정선영
디자인 이수민
일러스트 손창복

경기도 파주시 문발로 211
Tel: (02)736-2031 Fax: (02)732-2037
(내용문의: 내선 460~465 / 구입문의: 내선 250~252)
출판등록 1977년 9월 16일 제406-2008-000007호

가격 12,000원(교재+오디오CD 2장)

ISBN 978-89-5995-412-4 18730 978-89-5995-296-0(set)

www.darakwon.co.kr
다락원 홈페이지를 통해 인터넷 주문을 하시면 자세한 어학 정보와 함께 다양한 혜택을 받으실 수 있습니다.